ひねくれ者の分析力

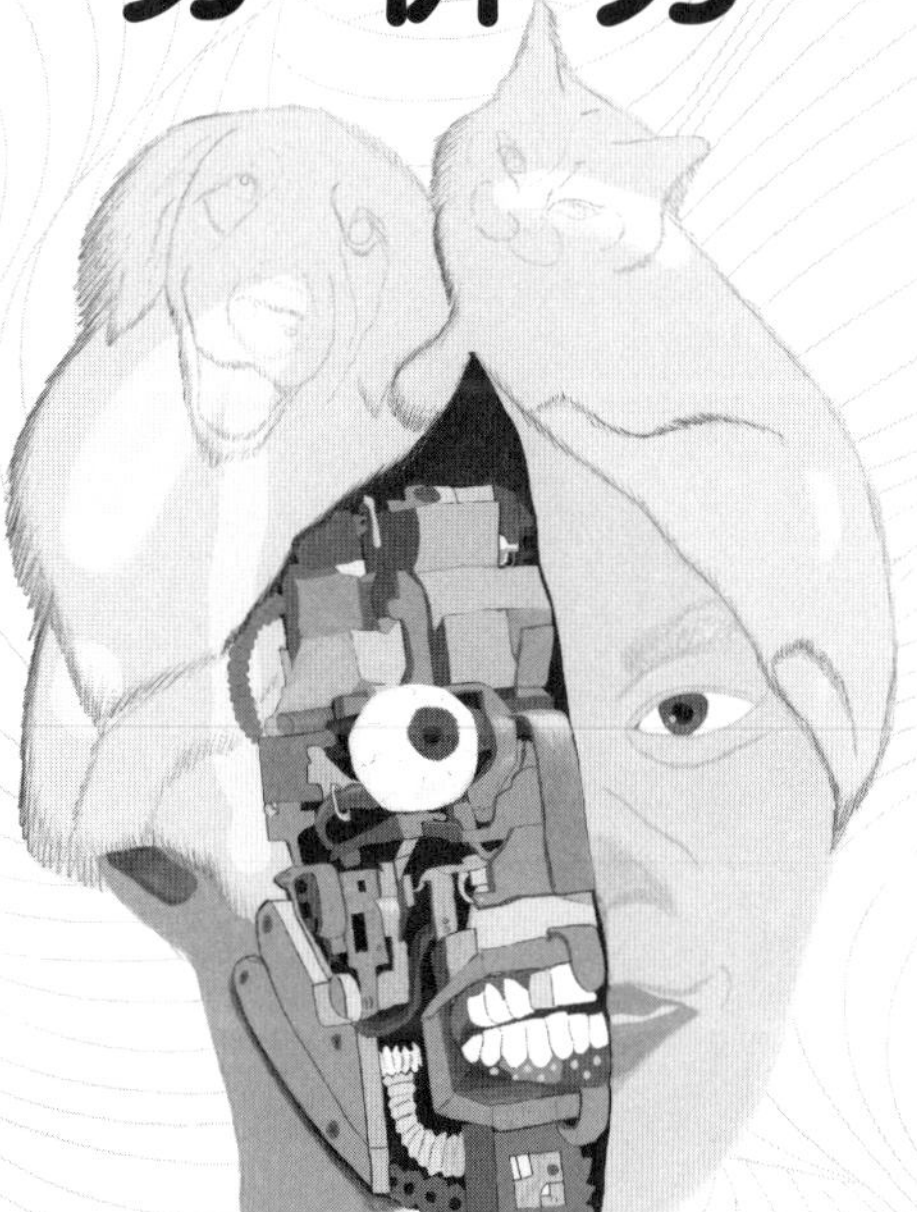

よーらい

KADOKAWA

はじめに

まさか僕がこのような書籍を出版することになるとは思ってもみなかった。実は2年ほど前から、書籍を出してみないか、という打診は受けていたが、断り続けてきた。理由の一つには、僕は有名人になりたいわけではないのが大きい。

YouTuberになったのは純粋にお金を稼ぐための手段の一つでしかなく、実は目立つことは、もともと好きじゃない。自分自身を被写体としないと釣り動画は成立しなかったため出演し、それがずっと続いているというのがリアルな現状。動画に出る必要がないなら、すぐにでもやめたいというのが本音だ。

さらに僕が著名人が執筆したエッセイのような類の書籍は一切読まないという点も理由にあった。学生時代から読書はしていたが、読むのは大概小説。今も飛行機に乗る際など、なにもすることがない移動中などに本を手に取るが、学生時代から嗜好はガラリと変わり、統計学や量子力学、計算科学などに関する教科書や参考書のようなものばかりを読んでいる。僕が知らない分野のことを基礎から淡々と説明している書籍の方が興味深いし、読むに値するものだと思っているからだ。そんな風に考えている僕が、読者の方々にとって有用な書籍を作れるとは正直思えない。だから書籍を出版することをこれまで避けてきた。

では、なぜこのタイミングで書籍を出版することを決断したのか。めちゃくちゃ大人な事情だが、事務所から「視聴者のために」「本を出すなら今」と説得されたのが大きなきっかけだった。それで一念発起して取り掛かってみたというわけだ。

ただ、ぶっちゃけて言うと基本的に著者の私見や考え方が綴られている本は、僕は嫌いだ。エッセイを読まないのは、まさにそういった理由から。さらに、ファンブックのようなものも毛嫌いしている。

だから、この書籍も「釣りよかでしょう。」「佐賀よかでしょう。」のリーダー、よーらいが初めて出版した本ではあるものの、YouTubeのチャンネルを視聴いただいているファンに向けた内容ではない。だから、もしそういった本と思って手に取ってしまった方には、あらかじめ謝っておきたい。大変申し訳ない。

この本を書いてみて、おそらく内容的には実用書、ビジネス書、自己啓発本といった類に近いものになっていると思う。ただ、僕は先ほども言ったように、誰かの考え方に影響されるのを好まない。むしろ淡々と事実やその結果として導き出された理論などが書かれたマニュアルのような本が好きだ。

だから、この本を読んだからといって、なにかが変わるなんてことは絶対言いたくない。読んだところで、「時間の無駄だった」という結果に終わる可能性は大いにある。ただ、書いていることは僕にとって当たり前に実行してきたこと、またそういう行動に至った考え方がほとんどだ。

特別、頭脳明晰でもなく、佐賀という九州の片田舎に暮らしてきた普通、もしくは平均以下の40歳手前のおっさん。だけど、YouTuberとしては現時点では成功を収めることができている。

そんな僕の考え方や行動原理は赤裸々に書き綴ったつもりだ。正直、僕は「釣りよかでしょう。」がここまで大きくならなかったら、本当にそこらへんにいる釣り好き、バイク好き、ゴルフ好きのおっさんと変わらない。むしろ、YouTuberだからといって、華やかな暮らしはまったくしていない。もちろん、動画撮影も兼ねた趣味に投じることができるお金は多い方ではあるだろうが、お金を使うのはそれぐらいのもので、普段は本当に質素な暮らしだ。だから僕の考え方や、その上で選択してきた行動は、誰でも簡単に真似できると思う。なぜなら、それらはほぼすべて会社員時代から続けていたことで、難しい選択や特別なことは一切してきていないから。

・まずはとにかく調べ尽くすこと
・冷静に、ただ淡々と分析すること
・世の中に騙されないこと
・やるからには泥にまみれること

簡単に言うと、僕が生きていく上でやってきたことはこのぐらいだ。

強いてこの本を読んでほしい人をあげるなら、おそらく世の中で一番多い層。平均もしくは、平均よりちょっとだけ下で、周りに流されて生きてきた僕のような人になるだろうか。

この本がそんな人に、なにかのヒントをもたらすか、もしくはなんの意味もないか。そんな温度感で読んでもらえたらうれしい。

CONTENTS

第3章 凡人のYouTuber論

コラム 「釣りよかでしょう。」メンバー(＋エガちゃん)×○○

第4章 楽な正義に終止符を

第5章 流されの流儀

ブックデザイン　喜來詩織（エントツ）
編集・執筆協力　諌山力（knot）
カバーイラスト　江頭勇哉
DTP　新野亨
校正　鷗来堂
編集　大澤政紀（KADOKAWA）

第1章

平均以下の生き方

極貧が当たり前

こんなことを言うと、冒頭から「嫌なやつだ」と思われそうだけど、今、僕はYouTubeというツールを使い、人並み以上に稼いでいる。

ただ、僕はもともととても貧しい家に生まれた。ベタなシチュエーションだが、家に帰ると両親はおらず、食卓に1000円札だけ置かれ、「これでなにか食べて」というシーンを漫画やドラマでよく見かける。そんな寂しい家庭環境のせいもあり、グレて、悪の道へと足を踏み入れてしまう主人公。

僕からしたら、「1000円ももらっておいてグレてんじゃねーよ！」というようなものである。

貧乏自慢をするわけではないけど、僕が小学生のとき、1000円札なんて夢のまた夢で、100円玉2枚。1日たった200円だ。しかも、その200円は使わず、冷蔵庫に入っている余り物の食材で数日をしのぐ。600円貯まったら、当時の僕にとって一番の贅沢品である厚切りチャーシューを買って、チャーハンに入れるのが、至福の夕食だった。

当然、外食や買い食いをするお金など持ち合わせているはずもなく、高校生になってもコンビニでおにぎりひとつ買わなかった。買うとすれば唯一、喉を潤しつつ、空腹をごまかせるジュースぐらいなものだ。飲もうと思えばタダでも飲める水やお茶を買うなんて、もったいないとさえ思っていた。

高校生のとき、同じ部活の仲間がおごってくれたコンビニのおにぎりを初めて食べたときの衝撃は今でも忘れられない。「世の中にこんなにおいしいものがあるんだ」と鳥肌が立つくらい。

それだけ貧しかったのは、父親が原因だ。極度のギャンブル依存症で、家で暴れるのはしょっちゅう。窓ガラスを割ったり、警察沙汰になることも幾度となくあった。結局、最後は母と兄、僕を捨てて夜逃げしてしまうわけなんだけど。

ただ、僕はそんな家庭環境を、なぜか当たり前のものとして受け入れていた。友人の家に遊びに行く機会もあったが、**他人の家と比較して、自身が置かれた境遇を恨んだことはない。**

だから、グレもしなかったし、ごく普通の小中高時代を過ごした。当時の友人たちは僕がそんな家庭環境で暮らしていることも、おそらく知らなかったんじゃないかな。

ただただ流された、惰性の小中高時代

小学生から中学生までは取り立てて成績が良い方ではなかった。中学時代の成績は中の下。勉強が嫌いなわけではなかったけど、**将来の目標もなかったし、勉強する意味を見出せなかった。**

ただ、興味があることはとにかく調べて、子どもながらに分析することは昔からやっていたと思う。この習慣がのちのち、YouTubeにも活かされてくるのだけれど、それはまたあとのお話。

また、没頭するとなにがなんでも一番になりたいと努力をするのも、幼少期からだ。実際、中学生のとき新体操クラブに所属し、西日本大会で準優勝したこともある。

その理由の一つには、性格的に負けず嫌いであることが大きく関係している。ちなみに、常にそういった没頭することがなにかしら僕にはあり、今はゴルフがその対象。趣味と言われてしまえばそれまでだが、筋トレとゴルフの練習は毎日欠かさず行うようにしている。まずはシニアプロになることが今の目標。一日中、屋外で作業をし、クタクタになっていても、絶対にサボらないように決めているのは、「負けたく

ない」という一心からだ。

高校に入学してからは、「将来なりたいものなんてないけど、勉強だけは頑張ってみるか」と心機一転。

常にテストでは学年で5番以内に入っていたほどで、就職先も数社から選べるというアドバンテージを得た。ただ、高校3年間を過ごしても、僕にはやりたい仕事なんてなかった。

先生や親戚など、周りの大人たちがすすめる「安定」の道を選び、実は高校を卒業した後すぐに警視庁に入庁。当然、警察官になりたいなんて一切思っていない僕が、規律が厳しい寮生活に耐えられるわけはなく、2日間で退職するという結果に。

結局、**僕は自分の意思を持たず、ただ周りの大人に流されて生きていた**というわけだ。むしろ、高校を卒業するまでは、目標なんてなかったし、自分の意思で動いたことなんて一度もなかったかもしれない。

ただひたすら流された。
目標なんて一切なかった。

没頭、そして
ドロップアウトの繰り返し

高校卒業後、いきなり無職になった僕はフリーターをしながら、相変わらず惰性の10代後半を過ごした。

そんな時期に出会ったのがドリフトだ。友人のお兄さんがサーキット場に誘ってくれたのをきっかけに、僕はレースの世界にどっぷりハマった。

18歳で自動車免許を取得し、わずか2年ほどで史上最年少で九州大会優勝を果たす。地元のチューニングショップお抱えのドライバーにもなり、全国大会でベスト16に入るまで結果を残した。経験者からすると、「そんなに甘いものじゃない」と一蹴されるかもしれないけど、当時の僕には日本一になるプロセスも見えていた。

ただ、そうなると僕の場合、熱量が一気に冷める。要はとてつもない飽き性なのだ。

勝負の世界で冷める理由のひとつには、なんの競技でも国内のトップクラスになると、忖度が働いてくるという僕の持論もある。

こんなことを言うとめちゃくちゃ叩かれそうなんだけど、ガチの勝負の世界にこそ、そういった目に見えない裏側の圧力がかかってくると僕は思っている。

まぁ、それは人それぞれで考え方があるので良いとして、とにかく僕は一度熱が冷めたら、もうそこで試合終了。

ドリフトの世界からもそうやってドロップアウトした。周りからは「もったいない」と反対されることがしばしばだが、やる気が出ないことを続けるのは、僕には到底無理だから。

人生を変えたパソコン

ドリフトの世界を離れた23歳以降は、引っ越し屋、ガソリンスタンド、トラックの運転手、工場作業員など、さまざまな仕事に就いた。もちろん、すべて生活のためでしかないし、手っ取り早い楽な道ばかりを選んできた。

なんの目標も持たず、将来自分がどうなりたいかなんて考えもしない。ただ、朝起きて、仕事に行って、帰ってきて、寝るという退屈なルーティン。

そんなときに仕事で必要という理由でパソコンを購入したのが転機になった。当時、僕の周りで個人用のパソコンを持っているという友人はほとんどいないような時代。一部マニアの間ではオンラインゲームが流行っていたこともあり、せっかくパソコンを持っていたので、僕も始めてみた。これに見事にハマった。

よく、ゲームは子どもの教育上、良くないと言われるけど、僕はまったくそんなことは思わない。むしろ、**作業を同時進行する際などに活かされる情報処理能力は、ゲームをすることで格段に高められる**と思う。

実際、僕はYouTubeを1・5倍速で見つつ、ラジオを聴き、パソコンで編集作業をすることが多い。もちろん編集作業が中心ではあるのだけれど、例えばYouTubeで気になるシーンが目に入ったり、ラジオで話している内容が興味をそそられることだったら、そちらに意識を移して、情報をできるだけ得るようにしている。

ながら作業で行儀が悪いだけと言われればそれまでだけど、そういった器用なことができるようになったのは、ゲームをやり込んだからだと僕は思っている。

香川県でネット・ゲーム依存症対策条例なるものが施行されたが、あんなものは愚の骨頂だ。

また、漫画ばかり読んでいるとバカになるよ、と子どものころに言われたこともあるが、これも間違っていると思う。僕は子どものころから漫画が大好きで、今もたくさんの作品を読むが、**小学校で道徳の授業を受けるより、漫画の方がよっぽど、ためになる場合も多々ある。**

例えば、僕が小学生のときに読んだ「寄生獣」（講談社）という漫画がある。超人気漫画なのでご存じの方も多いと思うが、ストーリーの中で自己犠牲について主人公と寄生獣が考えるワンシーンがある。

30年近く経った今でも、僕はそのシーンを鮮明に覚えているし、子どもながらに、自分自身を犠牲にすることを深く考えさせられた。

道徳という名の授業で習ったことはすっかり忘れてしまっているのに、漫画を通して考えさせられたことは今も覚えている。**まさに漫画が人の道について深く考えさせる教本になった**わけだ。

さらに漫画を通してたくさんの活字に触れたことで、今では一見すると難しそうな、専門的な本を読むことが好きになった。これらは一般的な常識にとらわれると視野が狭くなる、わかりやすい例だ。

オンラインゲームを始めた僕は、またもや一番を目指した。

さらに、ゲームを通してニコニコ動画という動画共有サイトがあることを知った。

この動画共有サイトというのが、僕にとっては強烈で、当時は一言で言うとマニアックな人たちのたまり場。まさにオタクが集まるサイトで、ごく普通に佐賀という九州の片田舎で暮らしてきた僕にとって、すべてが目新しかった。

「だれが見るん?」というようなニッチな動画もたくさんあるし、ひたすら荒らし行為に興じる視聴者もいる。

匿名性の高いオンライン上ならではの、狭いけど、ディープな世界。

もともと人付き合いがそこまで得意ではなく、パーソナルスペースの狭い僕にとって、自分の世界だけで１００％完結できるニコニコ動画にとてつもなく興味をそそられた。

ゲームや漫画を悪と決めつけるな。
僕は、間違いなく
それらに育ててもらった。

ニコニコ動画の存在を知った翌日には動画を配信するために機材を購入し、ゲーム実況をスタート。オンラインゲームでもプレイヤーとして好成績を残せたこともあり、ゲーム実況のチャンネルフォロワー数も順調に伸ばすことができた。ちなみにフォロワー数を伸ばすためにはいくつかコツがあった。これも僕がニコニコ動画の仕組みを調べた上で得た方法だ。

ニコニコ動画には、リアルタイムのアクティブユーザー数が多い放送をランキング形式で羅列するページがあり、当時はほとんどの視聴者がこのページから誘導されて、見たいチャンネルを選ぶ傾向にあった。むしろ、ランキングからしか動画の存在を広める手がなかったと言っても大げさではない。

このランキングにランクインするためには、アクティブユーザー数はもちろん、視聴者からのコメント数、マイリスト数なども加味されるため、わざと間抜けなミスをしたり、大げさに喜んだり、やたらうるさかったり、とにかくインパクトを与えるためにキャラ設定を意識した。視聴者が、そんな僕に対して、多くのコメントを投稿することで、結果的に僕の動画がランキングに表示され、視聴者に動画を見てもらう可能性が格段にアップするというロジックだ。

自分の趣味の世界に視聴者を呼び込めることは純粋に楽しく、視聴者の数が増えるうちに、番組としてもっとおもしろいことができないか考えるようになった。

そこで実践したのが、ゲーム実況の合間にほかの動画を差し込む方法だ。クワガタを捕りに行ったり、川で遊んだり、佐賀での日常を動画にした、【実写版】ぼくのなつやすみ（佐賀）が人気を博し、ニコニコ動画 動画アワード2011（夏）にてグランプリも受賞したほど。当時はほとんどなかった100万再生、いわゆるミリオンも達成し、そういった数字上の結果から**都会に暮らす人たちが、僕らにとっては当たり前の田舎の日常を欲し、楽しんで見てもらえる**ことを知ることができた。

もちろん、当時撮影に使っていたのはスマホだ。動画モードだとズームもできないし、映像はブレブレだし、編集も稚拙。映像としてのクオリティは悲しいほどに低い。ただ、視聴者にとってそんなことはお構いなしという事実を学べたのも大きい。

これが「釣りよかでしょう。」「佐賀よかでしょう。」の前身になるのだが、当時は動画の視聴者数やフォロワー数がいくら増えようが、収益になることはない。完全に趣味と自己満足のためで、動画をアップすればするほど、お金は消えていった。

一方で**パソコンと動画共有サイトを通して、ここには無限の自己表現の方法がある**ことを実体験として学べた。ハマればトップクラスの結果を残せるが、それ以外は平均以下の生き方しかできなかった僕にとって、これは大きな発見だった。

パソコンやゲーム、動画配信が僕の人生を変えてくれたのだ。

第 2 章

平均以下からの脱却

お金を稼ぐことができないジレンマ

ニコニコ動画 動画アワード2011（夏）で2011年4月から7月に投稿された113万本の動画の頂点に立った僕は、ご多分に漏れず、ニコニコ動画やニコニコ生放送にも飽きてしまい、一気に動画を投稿する意欲を失った。

その当時、フォロワー数は最高で8万人ぐらいいたが、一度飽きてしまったものには二度と見向きしないのが僕の性格。

またニコニコ動画に出合う前の退屈な日々に戻ってしまった30代前半。本当になんのために生きているのかわからなくて、今振り返っても最低な時期だった。大げさな話、このまま死んでしまってもいいとさえ思うほど、つまらなかった。

さらに、佐賀の小さな工場でいち従業員として働いていたので、収入も多いわけではない。むしろ世間一般的にみれば低所得者層に分類される給与だっただろう。

新体操もドリフトも、動画配信もハマれば、なにをやっても人並み以上にはできたし、すべての分野でそれなりに結果を残していただけに、お金を稼ぐことができないジレンマはずっとあった。

そんなとき、ネットニュースでニコニコ動画のとある人気動画投稿者が動画のネット配信で、年収億単位というとんでもない額を稼いでいるという記事を目にした。僕はその投稿者のことをよく知っていたので、「あいつが、マジか⁉」という驚きしかなかった。

僕がニコニコ動画で活動していたときは、収益システムがなかった時代で、前述したように動画を配信すればするほど赤字になっていただけに、そんなことになるとは、まさに青天の霹靂だ。

僕も動画配信をずっと続けていたら、もしかしたらめちゃくちゃ稼げていたんじゃないか……。そんな考えが頭をよぎった。

ただ、自分の中でニコニコ動画はもうやりきったコンテンツ。もう一度、ニコニコ動画で投稿者に戻るという選択肢はない。

でも、**お金をだれよりも多く稼いでみたかった。**そういうことを言うと、叩かれることもあるけど、お金は大切だ。**お金があればなんでもできるし、自分がやりたいことにも没頭できる。さらに言えば、挑戦できることも増えてくる。**

きれいごとだけじゃ、この世の中は生きていけない。だから、お金を稼ぎたいって胸を張って言って良いと僕は思っている。

きれいごとだけじゃ生きていけない。
お金を稼ぎたいなら、胸を張れ。

「釣りよかでしょう。」でお金をだれよりも稼ぐ

お金をだれよりも稼ぐためには、僕の場合、ニコニコ動画での経験、さらに実績もあったため、動画配信を通して、収益を得る方法が手っ取り早いと考えた。

当時、ハマり始めていたバス釣りをヒントに「釣り素人の3人が本物の釣りバカになるまでを記録した動画」というテーマで「釣りよかでしょう。」をスタート。

ニコニコ動画と同じく、動画共有サイトの一つであるYouTubeを選んだのは、未開拓のコンテンツだったため、新たに挑戦するフィールドとしては最適だったからだ。

初めてYouTubeに「釣りよかでしょう。」として動画をアップしたのは2014年10月。ニコニコ動画でフォロワー数8万人を誇り、動画アワードも受賞。当時はほとんどいなかった100万再生も達成している。

自信満々でYouTubeに乗り込んだが、初回は1週間でわずか200再生。正直、ショックを隠しきれなかったが、逆に明確な目標もでき、僕のやる気に火が点いた。目指したのは、チャンネル登録者数20万人だ。

そのためにまず実践したのが、**必ず1日1本動画を投稿する**こと。毎日動画をアップするのは相当な労力がかかるが、やると決めたからには必ずやるのが僕のポリシー。当時住んでいた団地の小さな一室で、ひたすら動画の編集作業をし続ける日々。「釣りよかでしょう。」を始めた当初は仕事もしていたため、睡眠時間を削りに削った。3日間ほぼ寝ずに動画を制作し、そのまま仕事に行くこともざらだった。もちろん並行して撮影にも出かけ、収益を得られる道筋が見えたところで会社を辞めて、YouTubeに専念した。

じゃあ、その道筋とはどんなものなのか。「YouTubeで成功する確信はあったのか？」といった質問をされることが多いけど、僕にとっては確信ではなく、**YouTubeの再生数を伸ばすことは、ただただ草むしりをするような単純作業と同じ感覚**だ。

分析すればだれでもわかることだが、YouTubeの再生数は、例えば、1回目100再生、2回目110再生、3回目120再生、4回目130再生というように、回数を重ねるごとに少しずつ伸びていくわけではない。100再生を49回重ねて、50回目にいきなりポンと1万再生が出たりする。

その仕組みはYouTubeで動画が再生されるアルゴリズムにある。

YouTubeを視聴する人が１億人いたとして、そのうちおよそ90％がゲストログインだ。つまりアカウントを持たずに、ただ動画を視聴する人たちを指す。

このゲストログインのトップページに動画が表示されるのが最も手っ取り早く再生数を伸ばす方法なのだが、これはほぼ無理だ。次にゲストログインの関連動画への表示。これも極めて可能性が低い。「釣りよかでしょう。」のような専門チャンネルの場合、特にだ。

では、どうするか。

まずはアカウントを持っている釣り好きを狙って動画をアップするしか手はない。ただ、それでも、登録者数が少ないうちは、アカウント持ちの釣り好きのトップページはもちろん、関連動画に表示される可能性も低い。最初はそんなものだ。だからこそ、ひたすら動画の投稿を繰り返すしかない。１日１本動画アップが必須になるのはこういった理由が大きい。

目に触れる可能性は高くなるけど、YouTubeを見る視聴者全体ではアカウント持ちの釣り好き自体の数が少ないので、再生数が伸びても微増である。それでも収益を上げる道筋の第一歩と考えて良い。

動画投稿を続け、例えば50日目にアカウント持ちの釣り好きの関連動画に偶然表示されたとしよう。

それまでは1日100再生だったものが、いきなり1万再生まで伸びる。ただ、その動画の再生数が伸びても、あることをしていないと、また次の動画は100再生に戻るだろう。

そのあることとは、**YouTuberとしての継続**だ。

1万再生の動画をおもしろいと思って見てくれた視聴者たちに、「僕たちは毎日、こんな動画を投稿しているんですよ」ということが伝われば、全員ではなくともチャンネル登録してもらえる可能性は出てくる。例えば1万人のうち3000人が登録してくれたら、以降、アップする動画は100再生よりも増え、500再生をキープするだろう。

そうするうちに、100回目に投稿した動画が、またポンと上がり、5万再生を果たす。また、それをきっかけにチャンネル登録者数が増える。それの繰り返しで、再生数、チャンネル登録者数を少しずつ増やしていくというのが僕が考えた、YouTubeで稼ぐ道筋の基本だ。

ただ、それだけでは、釣り好きにしかヒットせず、チャンネル登録者数も視聴回数も頭打ちになるのは目に見えている。そこでポイントとなるのは、いかに釣りに興味がない人にも見てもらうかだ。

視聴回数、チャンネル登録者数が伸びるに従い、徐々に釣り好きじゃない人の関連動画として表示されるチャンスが生まれる。そのときに釣りYouTuberっぽい動画は、釣りに興味がない人の選択肢から外れるというのが、次に考えるべきポイントだ。

僕は、「釣りよかでしょう。」を立ち上げるにあたり、世界中のさまざまな釣りに関連する動画を視聴した。なかには数百万再生を突破しているものも多くあり、それらに共通していたのは、**いわゆる事件性やハプニング的要素**だ。

テレビでもおなじみだけど、衝撃映像１００連発的な番組は僕が子どものころから、今でも放送されている。つまり、それだけ一般の人たちもおもしろいと思って見ているということ。

釣りに興味がない人でも思わず見てしまう釣りの動画には、そういった要素が必要だと考えた。

だから、サムネイルの画像もあえてランダムに選ばれたようなものを採用したり、文言を入れなかったり、さまざまな可能性を考え、釣りYouTuberと感じさせない工夫を尽くした。

その結果、釣りにはそこまで興味がない人、もしくは釣りをまったくしない人の視聴にもつながる可能性が出てくる。

あとは、ニコニコ動画の【実写版】ぼくのなつやすみ（佐賀）で人気を博したように、佐賀という片田舎で、等身大で動画に映る素の自分たちをおもしろがってもらえたら、こっちのもの。

「釣りにはそこまで興味はないけど、なんかおもしろそうだから、一応チャンネル登録しておこう」という選択に導くことができる。


これは僕がYouTubeを始めた2014、2015年ごろの話なので、さまざまなジャンルのYouTuberやチャンネルが存在する今だと、少しやり方は変わってくるが、再生数を伸ばす、チャンネル登録者数を少しずつでも増やすという目標をクリアするという意味では考え方は同じだ。

要はしっかりと分析して、シミュレーションをして、道筋を立てることが大切ということをわかってほしい。

実際、僕は芸能人などにYouTubeでヒットするためのアドバイスを求められ、そういった道筋をしっかり立てることの重要性を教えてきた。今ではめちゃくちゃ売れっ子YouTuberになっている人がほとんどだし、もし僕自身が今から新たにYouTubeを始めることになっても、この道筋さえ見えていて、理解し、実践することができればチャンネル登録者数１００万人以上にできる自信がある。

YouTubeの再生数を
伸ばすことは、草むしりと一緒だ。

ここまで説明したが、やること自体はめちゃくちゃ単純で、定められた期間で草むしりをするのと同じぐらい単純な作業に感じないだろうか。難しいことは一切ない。できるだけ毎日、多くの動画を投稿し続けること。偶然訪れる、異常に再生数が伸びた動画をきっかけにチャンネル登録者数を増やすこと。そのジャンルに興味がない視聴者をファンにする仕掛けを作ること。それだけだ。

ひとつ付け加えると、アカウント持ちの釣り好きの関連動画に〝偶然〟表示されたと言ったが、この〝偶然〟も狙ってのことである。もちろん、表示されるにあたり、その動画だけに講じた策があるわけではないので、〝偶然〟としか言いようがないが、**その〝偶然〟が必ず起こると考えてのことだったら、〝必然〟と言える**のではないだろうか。

長く愛されるために選んだ水戸黄門方式

YouTube全盛の現在、YouTuberの数は相当に増えた。

ただ、かつては投稿すれば毎回100万再生が当たり前だった人気YouTuberが、今では3万再生しか取れないということは往々にしてある。チャンネル登録者数は人気絶頂のときとほぼ変わらないかもしれないが、再生数は伸びない。ひとことで言えば、飽きられたからだ。

「釣りよかでしょう。」もピーク時に比べると、再生回数は落ちている。でも、これは僕の作戦通りだ。その理由を説明しよう。

前例にあげた落ち目の元人気YouTuberと「釣りよかでしょう。」、ともに当てはまることだが、再生数が右肩上がりになっているときは、衝撃的だったり、インパクトがある企画を連投することで、高い再生数を維持できている。

ただ、漫画などでキャラクターの強さが高騰するインフレ状態と同じように、**ある程度の限界に達した時点で、さらに過激なことをやり続けるのはリアルな世界では到**

底無理な話だ。例えば、馬券を100万円分買ってみたというような企画で人気になれば、視聴者はさらに高額をつぎ込む衝撃的な映像に期待する。

僕らの「釣りよかでしょう。」もまさにそうで、アジを釣り、ブリを釣り、ついにマグロを釣るというところまで行き着いてしまった。その当時、チャンネル登録者数は70万人ぐらいで、最も脂が乗っていた時期だ。

さらに釣りチャンネルとして強いインパクトを与える動画を撮るなら、海外に行くなどして、もっとすごい魚を釣るという手もあっただろう。ただ、僕はそれをしても、延々とその繰り返しで、いつかオワコンになるか、炎上して終焉を迎えるかのどちらかと考えた。

だから、**あえて原点回帰**をしたのだ。メダカを捕る、川でサワガニを捕るなど、マグロを釣る動画と比べたら、衝撃もインパクトもない動画をあえて投稿した。結果、それまで60万、70万再生あったのが、20万、30万再生まで落ち込んだ。

でも、長くYouTuberとして活動し続けることを考えたら、それが最善の手。

例えば、HIKAKINさんのようなトップYouTuberで、マルチに活躍しているのであれば、もっと上を目指すという手もあったかもしれない。

ただ、僕らがやっているのは釣りというジャンルに特化した専門チャンネルだ。

僕らが「釣りよかでしょう。」を始めた2014年当時は、専門チャンネルは登録者数10万人を突破することさえ難しいと言われていた時代。すでに70万人を超えていたこと自体、想定以上のことで、HIKAKINさんのようになれるかと言われると、それは無理だ。

じゃあ、僕らは**再生回数をある程度のレベルで安定させること**が重要じゃないかと考えた。そのために原点回帰という道を選んだのだ。

もちろん、それを機に離れていく視聴者もいるが、多くは佐賀で暮らす等身大の30代、40間近の男たちの素の姿、何気ない日常を楽しんで見てくれている。毎回、なにか事件が起こるわけではないし、衝撃的なシーンが満載というわけでもない。ただ、そんな動画を求めてくれている視聴者がいることはわかっていた。

だから僕らは、そんな視聴者のために、僕ら自身が気負わず楽しめる動画を作ることに決めた。もともと「釣り素人の3人が本物の釣りバカになるまでを記録した動画」というテーマで、仲間たちでワイワイ楽しくやれたらいいと思って始めた「釣りよかでしょう。」。

それでなんら問題ないと楽しく見てくれる視聴者がいるし、僕らも無理なくやれる。

予定調和かもしれないけど、**日本人に昔から親しまれている水戸黄門、サザエさんのようでありたい**と思ったのだ。

過激さを追い求めると、
いつかは廃れる。
予定調和でも良い。
自分の限界を冷静に見極めろ。

結果、「釣りよかでしょう。」は2021年9月時点で、チャンネル登録者数約161万人、再生数は平均で30万、40万回を維持している。おそらく「釣りよかでしょう。」と同クラスの登録者数を有するチャンネルで、コンスタントに30万、40万再生を出しているのは珍しいと僕は思っている。

僕は「釣りよかでしょう。」を始めるまでに、さまざまな仕事を経験してきた。けれど、ぶっちゃけて言うと、YouTuberを辞めて、ほかの仕事をするのはもう嫌だったのもある。さらに、現在はメンバーやほかの従業員を雇用する会社の代表という立場にもなっており、僕一人だけの問題ではない。

YouTuberとして収益を上げることができず、みんなを路頭に迷わせることになるような事態だけは避けなければいけないという責任感もあった。

メンバーと僕。そしてお金の話

現在、「釣りよかでしょう。」は僕を含めて6人のメンバーで活動している。もちろん、みんな佐賀在住だ。

「釣りよかでしょう。」の発起人は僕だけど、現在もメンバーとして活動してくれているむねお、はた、きむはチャンネル立ち上げ当初から一緒に動画配信に協力してくれていたが、「正式に今日からメンバー」という改まったものでもなく、なんとなく動画に出演して、なんとなく今のメンバー構成になったという、あやふやな感じだ。

動画配信を始めた当初は、みんなそれぞれに仕事をしていたし、あくまで動画撮影には来れたら来てね、程度のもの。もちろん僕は「釣りよかでしょう。」を始めた当初からYouTubeで収益を上げられる道筋は見えていたけど、そんな根拠に乏しい僕の想像だけを頼りにみんなを巻き込むわけにはいかない。

それでも、みんな、自分の時間を削って、撮影に協力してくれたことに感謝するばかりだ。

そして、2016年にUUUMに所属したのを機に法人化。現在、メンバーは「釣りよかでしょう。」「佐賀よかでしょう。」「釣りよか飯」の動画配信を目的とした会社の社員という立場で日々、動画制作に携わってくれている。

YouTuberは稼げるというイメージを持たれがちだ。

ぶっちゃけると実際、かなり稼げるのは事実。ただ、法人化してメンバーに給与を支払うとなると、僕に入ってくる額というのは劇的に多いわけではない。もしかすると、累計額で言えば、僕が手に入れた額より、メンバーに支払った給与や賞与の方が多いかもしれない。

さらに僕は収益はできるだけ会社を継続していくための資金としてプールしている。その一番の理由は万が一、**不測の事態になったときにメンバーやほかの社員の生活を守る**ためだ。

そして、その点を考慮した上で、使える範囲で釣りよかハウスやバイク、キャンピングカーなどを買ったりしているわけで、そう考えると動画配信によって得た収益は、動画を制作するための設備投資で消えていくことも多い。

お金に余裕があれば、挑戦できることが増えると先に述べたのは、こういった意味が大きい。

会社に勤めている人であれば、給与体系や会社の方針に対して、すべてに満足しているということはきっとないと思う。実際、会社員時代、僕もそうだったし、僕の会社内でも不満は多少なりともあるだろう。でも、**不満はまったくございませんなんてことはありえない**し、それをどうやって解決していくかが、経営者となった今の僕が考えるべきことだ。

会社経営者になりたいわけではなかったけど、今のメンバーで活動を継続していくためには、僕のわがままだけを貫くことはできない。

昔の僕からしたら考えられないことだが、これは自身で選んだ道。だからこそ、ここ最近では山の復興をお手伝いしたり、自分が楽しめることを実践している節がある。ただ、そのコンテンツを通して、さらに収益を上げなければいけないわけだけど、そこに関しては、僕は絶対的な自信がある。

実際、「佐賀よかでしょう。」で2021年6月から定期的にアップしている山復興プロジェクトの再生数は多いものだと200万回以上、平均で50万回をマーク。ここ1、2年では最もバズっているシリーズになっており、「やっぱりこういう動画が求められていたんだ」という自負はある。

ただ、このプロジェクトも僕一人では間違いなくできないし、メンバーの協力があってこそ実現することだ。

そういった意味でも「釣りよかでしょう。」「佐賀よかでしょう。」「釣りよか飯」といったチャンネルにはメンバーの存在は欠かせない。

釣りができなくなる⁉

僕はコロナ禍を予測したのかもしれない。

「釣りよかでしょう。」の再生数が30万、40万回で安定し、それで安泰とあぐらをかかなかった。逆に、**もし釣りができない状況になったら、終わり**だと考えたのだ。

そういう状況が訪れる事例をひたすら考え、可能性はゼロではないという結論を出した。

規模が小さなコミュニティで形成されている趣味は、中級クラスの人が初心者を排除しようとする傾向にあると僕は感じている。

僕らのチャンネルも「にわか」「そんな初歩的なことも知らないのか」といったコ

メントで攻撃されることもしばしばで、「釣りよかでしょう。」開始当初から、やりづらさを感じることが多少なりともあったからだ。

僕らも動画をアップする以上、その場所が釣りＯＫかなどは確認しているのだが、重箱の隅をつつくようなやり方で、悪意をもって攻撃してくる人は極めて少数ではあるけど、やっぱりいる。

特に釣りの場合は、釣り場やゴミ問題などのモラルやマナーといった点が繊細で、「YouTuberが来たからゴミが増えた」という書き込みをされることもある。

そんなことも少なからずあったため、釣りが万が一できなくなったとき、どう対応していくかを次に考えた。

それが、ＤＩＹやバンド活動、愛犬のまるや愛猫のまりもとの日々といったマルチなチャンネルであり、僕らの日常を題材にした「佐賀よかでしょう。」だ。


先に述べたようにチャンネル登録者数、再生数を伸ばす道筋は自分の中で確立されていたこともあり、「釣りよかでしょう。」と同等のチャンネルにする自信はあった。ただ、やはりメインの「釣りよかでしょう。」クラスにするまでには、相当な努力や工夫が必要で、あくまでサブという位置づけの「佐賀よかでしょう。」は10万再生程度に落ち着いていた。そんな時期に新型コロナウイルスの影響が出始めたのだ。

2020年2月下旬。まだ世間では「中国から厄介なウイルスが入ってきた」程度に考えられており、全国でイベント等も通常通り行われていた。

そんな時期に「釣具のポイント」を運営し、「西日本釣り博」を北九州市と共催する株式会社タカミヤさんが、準備がすべて整っていたにもかかわらず「西日本釣り博2020」の中止を早々と決めたのだ。

タカミヤの会長である髙宮さんとは面識もあったし、「髙宮さん、すごいな。かっこいいな」と素直に感銘を受け、それと同時に僕の中で新型コロナウイルスの脅威を身近なものとして感じるようになった。

ただ、僕らは動画をアップすることで収益を得ているため、動画制作をストップするわけにはいかない。普段通りに離島や堤防に出かけ、釣り動画を撮影していたが、3月中旬、離島でおばあちゃんが僕らに話しかけてきた。

このとき僕は、罪悪感にかられた。「もし、僕がキャリアだったら、おばあちゃんに感染させる」という可能性が頭をよぎったからだ。

そのときはおばあちゃんに、「コロナの時期なので、離れておきましょう」と伝えて、特になんの問題もなかったのだけれど、**このまま僕らは離島や漁村など高齢者が多い地域に出かけ、いつもどおり撮影なんてしていていいのか**、と改めて考えるようになった。

2020年3月ごろは、まだまだ佐賀では新型コロナウイルスに対して、どこか楽観視している印象で、離島なんて、特になんの警戒心もなかった。

だが、著名な芸能人が新型コロナウイルスに感染し、亡くなったというニュースもあり、世間も「このウイルスはやばい」という認識になってきた。僕は離島で感じた罪悪感をずっと引きずっていたことから、「釣りよかでしょう。」の活動を休止することを決めた。それが2020年3月30日だ。

「釣りよかでしょう。」は九州をフィールドにする数少ない地方YouTuberで、大きな発信力を持つインフルエンサーでもある。**まず最初に行動に移さないといけないのは僕ら**だ、と考えたのも理由の一つにある。そうすることで、地方でも危機意識を高めたいと考えたのだ。


僕らはUUUMという事務所に所属しているYouTuber。個人的に勝手に活動を休止するという決定を下すのは、社会的に難しい立場だったのは事実だ。

これは裏話だが、事務所に活動休止をする旨を伝えたところ、急な話でもあり、スポンサーの兼ね合いもあるので、それはダメだと言われた。ただ、僕の中では答えは決まっていたので、事務所サイドのストップを無視する形で活動休止の動画をアップした。

社会人、しかも会社の代表としては、このような独断での行動は完全にアウトだっただろう。

事務所にはスポンサーとの契約に対して違約金などが発生するなら、何千万円だろうとお支払いする意思も伝えた。そして、スポンサーであるルアーメーカーのジャッカルの社長の小野俊郎さんに活動休止の経緯と謝罪の連絡を入れた。

小野さんは「うちはまったく問題ないよ。むしろ、僕らもプロモーションのやり方とか、『釣りよか。』さんを見習わないといけない」とまで言ってくださった。

実は、タカミヤの会長の高宮さんも、ジャッカルの社長の小野さんも、釣りイベントなどで嘲笑の的だった一昔前のYouTuberの僕たちの良き理解者だ。だから僕も偉大な先輩としてとても尊敬している。そんな信頼関係があったからこそ、活動休止という決断を下すことができたと、僕は思っている。

話を戻す。

まさか釣りができなくなる理由が感染症とは考えてもいなかったが、結果、「佐賀よかでしょう。」を立ち上げていたのは大きかった。

釣りよかハウス内で、メンバー間だけで完結する動画を制作できるからだ。

ただ、前述したように、その当時の「佐賀よかでしょう。」の再生数は平均で10万回程度。「釣りよかでしょう。」が30万、40万回あったので、収入は6、7割程度減る計算になる。

そこで視聴者の皆さんにお願いもした。

「釣りよかでしょう。」で新たな動画はアップできないけど、総集編を作るので、そちらを見てほしいと。そうしたところ、総集編をアップするごとに100万再生といった数字を叩き出した。

これには、視聴者の皆さんには感謝しかなかった。これだけ愛してもらえているんだと、改めて実感したし、もっと良い動画を作り続けないといけないと決心した。

僕らはそのときできる最大限の努力はやったつもりだ。釣りに行けない分、時間をかけられる企画を「佐賀よかでしょう。」で実行に移したのだ。おかげで「佐賀よかでしょう。」の再生数も20万回程度をキープできるようになり、収益もコロナ禍以前と変わらず、維持することができた。

つまりなにが言いたいのかというと、**常にリスクヘッジはしておくべき**、ということだ。

コロナ禍で活動ができなくなった同業の人たちから、「羨ましい」「ずるい」といったことも言われたが、それはお門違いだ。なにがあるかわからないから、どんな事態になっても活動を続けられるよう、考えて、実践しておけばいいのだから。

極めて可能性が低いことでも、
不安材料は取り除け。

第 3 章

凡人のYouTuber論

交渉できない無能にひと言

これを書くと炎上しそうだが、言っておきたいことがある。

UUUMはYouTube関係のレーベル会社としては国内トップクラスの企業で、多くのクリエイターが在籍している。僕もその一人だ。

契約にあたり条件が提示されるのは当たり前で、もちろん僕自身、さまざまな契約を結んでいる。

そんな事務所に対して、とあるYouTuberが、対価が見合っていなかったといった理由で事務所を退所した。退所という選択をするのは個人の自由だし、好きに判断すれば良い。

ただ、問題なのは告発動画のようなものをYouTubeにアップしたことだ。

僕はこのような行為はするべきではないと思うし、むしろ、そんなことをした人を軽蔑する。言葉を選ばずに言うなら、本当のバカだ。

実は僕も所属して数年間は、事務所に対して不満はたくさんあった。対価が見合っていないことも含めて、事務所に所属している恩恵を感じられなかったからだ。

では、そんな場合はどうするべきか。条件が合わないと判断したなら、交渉すれば良いのだ。相手も企業として交渉をしてくるのは当たり前で、それならこちらも求める条件を提示すれば良い。

もちろん、相手は少しでも利益を得るためにギリギリの交渉をしてくるだろう。そこで妥協することなく、自分たちの意思を伝えるやり取りの繰り返し。僕の場合、こちらが求める条件で納得させるまでに2年以上はかかった。

実はコロナ禍により「釣りよかでしょう。」を休止後、視聴者の皆さんのご協力で総集編の再生数が想定以上に伸びたこと、さらに「佐賀よかでしょう。」の再生数を上積みできたことで、収益は以前の1.5倍程度に増えた。その要因の一つは僕が事務所との交渉を諦めなかったことでもある。

条件が合わなければ、
交渉するのは当たり前である。

冒頭で話したとあるYouTuberも告発動画では「交渉した」というようなことを言っていたが、本当に精一杯やったのか、甚だ疑問である。

僕は事務所との会議の度に、ほぼケンカに近い論争を繰り返したし、僕らがマイナスになっていることを理論付けるデータを集計して提出もした。

さらに、いわゆる広告収入につながる案件が少なかったことから、案件を増やしてもらえるよう交渉し、広告収入も増やした。しかも一つの案件に対する単価を上げる交渉から自分で行ったほどだ。

単価を上げると案件自体の数が減るのが一般的だが、僕らは全力を尽くして、クライアントの要望に応えた。結果、再度僕らに仕事を依頼してくれるクライアントが多い結果につながっているのは、それだけの成果を残せたからだと自負している。

大人になってケンカするのは心身ともに疲弊するし、本当ならしたくない。

でも、**事務所に所属することを自ら選び、その関係性を続けていきたいと考えるなら、そのぐらいの努力と労力をかけるのは必要**だと僕は考える。

精一杯やっても条件が折り合わなければ、退所すれば良い。

ただ、それを事務所とYouTuberの契約内容の詳細など知る由もない一般の視聴者に向けて発信するのは、絶対にやってはいけない行為だ。僕からすれば、**「自分は交**

渉能力がない無能です」と宣言しているようなもの。

さらに、その告発動画に触発されて、ＵＵＵＭを叩く大衆も嫌いだ。僕が想像するに、圧倒的なNo.1はアンチが生み出されやすく、その巨悪に一人立ち向かうYouTuber＝正義という構図が勝手に作り上げられているからだろう。

ただ、よく考えてほしい。

ＵＵＵＭサイドはYouTuberをマネジメントしているいち企業で、告発動画をアップされたからといって、YouTube上で反論するわけにはいかない。できるのは、自社の公式サイトで、ことのてんまつや会社側の言い分を説明するぐらいだ。

多くの人が目にするメディアを通して反論するのは難しいゆえ、大衆はYouTuberの告発内容を鵜呑みにしがちだ。

なぜ、YouTuberサイドが一方的に言っていることも多分にあると想像できないのか。

そういった論争について**意見するなら、互いの言い分を聞いた上で、自分なりの答えを持つべき**ではないだろうか。

そうやって勝手に作り上げられた民意こそ、まず疑ってかかるべきだと僕は考えている。

ちなみに事務所の肩を持つようなことを書いたが、事務所が好きとか嫌いとか、そういった話ではない。僕は所属事務所といちYouTuberというビジネス的なドライな関係を保っている。

実力と結果だけがものを言う業界においては、その関係性だけで十分だ。

YouTuberに最も必要なのは分析力と統計学的思考

「釣りよかでしょう。」を始めて、チャンネル登録者数わずか1万人程度のときにUUUMから事務所に所属しないかと声をかけてもらった。

当時の僕は事務所に所属する必要性を感じていなかったため、何度かお断りさせてもらったし、もっと登録者数が多いチャンネルもあるのに、なぜ僕らなのか、という疑問もぶつけた。事務所からは「トップクリエイターとしての才覚」というようなことを言われた。

僕は自身をクリエイティブな人間だとは考えたことがない。もちろん、これから伸びていきそうな新しい企画を考えたり、編集などを通して、よりおもしろい動画を制作することはできるが、ずば抜けてすごいクリエイターではないはずだ。


では、「釣りよかでしょう。」がここまで多くの人に受け入れられたのはなぜか。

それは分析力だ。僕が考えるに**トップクリエイターよりも統計学者の方が、YouTubeの再生数を伸ばす答えを見つけるのは容易**だと思う。僕は草むしり感覚でただひたすら自分が立てた道筋通りにやってきただけで、クリエイティブな要素に富んでいたかと問われるとほとんどない。

一方で動画を作る上で、メンバーのキャラ付けは多少なりとも考慮した。もちろん、佐賀に暮らす素の30代、もしくは40間近の男たちの日常の釣りを記録した動画なので、シナリオなんてあるわけはないし、演出もしない。

ただ、きむはムードメーカー、はたは陰の立役者といった感じで、動画を進行させる上でのキャラクター設定は必要だと考えた。

そこで僕が意識したのはそれぞれのメンバーの長所を現場で引き出す進行だ。こんなことを言うと、うちのメンバーはみんな自己主張が強いので、「そんなことは絶対ない！」と言われるだろうが、みんなが気づかないうちにそれぞれのキャラクターに誘導したのは間違いないない。

そういった点を考えると、僕は**クリエイターというよりも完全にプロデューサー気質。**今では神格化されているような世界的な画家でも、初めはまったく売れず、とある画商によってその感性を見出され、世に名を知らしめたというケースも多いように、審美眼や高いプロデュース力が働いてこそ、人気を得るというのは往々にしてある話。僕はどちらかというとプロデュースする方が向いていると自己分析している。

また、YouTubeを始めた2014年当初、釣りチャンネルを選んだのはなぜか、ともよく聞かれる。理由は大きく3つある。

1つ目は当時、釣りジャンルにライバルが少なかったこと。

「ゲームジャンルは10億ポイントもらえますが、ライバルは1億人います。料理ジャンルは5億ポイントもらえますが、ライバルは5000万人います。一方で釣りジャンルは100万ポイントしかもらえませんが、ライバルはわずか3人です」というような状況だったら、迷わず釣りジャンルを選ばないだろうか。

2つ目は釣り人口と、一度はやったことがあるであろう人の比率。

2014年当時、釣り人口を調べてみると600〜700万人程度いるという結果で、ゴルフ人口とほぼ変わらない数字だった。

ゴルフは一度もしたことがない人は多いだろうが、釣りの場合、一度はやったことがあるという人が結構な数いるはずだと推測。

専門性は高いけど、ほとんどの人が釣りを一度でも経験していると考えると、敷居は低く、間口は広いと結論付けることができた。さらに、そう考えると**今後伸びていく可能性を秘めているのに、ライバルが少ない**というのも大きなアドバンテージになると考えた。

3つ目は生活原理にどれだけ密接しているか。

人間の根底にある、生きていく上で必要なことには、子孫繁栄、食べること、睡眠など、さまざまな要素が考えられる。子孫繁栄という考えでいくとエロジャンルが一番伸びるのは言うまでもないが、この選択肢はそもそもありえない。

その次に食べることだが、これは料理や食にまつわるジャンルでライバルが比較的多い上に、方向性を絞りにくい。

食につながることは多くあり、そもそも人類は農業を始める前は狩猟することで食べる物を得てきた歴史がある。現在も住む地域によっては狩猟を通して食料を得ている場合もあり、生活と密接に関連していると僕は考えた。そこで導き出したのが釣りというわけだ。

しかも、ただ釣りをするだけじゃなく、そこに笑いという要素も取り入れたのは、自分自身がお笑いが好きだったことが大きい。

別に**ものすごく頭が切れなくても、話術に長けていなくても、素でおもしろい芸人**はたくさんいる。リアクション芸人というジャンルが存在していることがその証明だ。

しかも、リアクション芸人に分類される人たちは、鉄板のギャグを持っているわけでもないにもかかわらず、長く大衆に愛されている。つまり、僕らも素のままの自分で、喜怒哀楽を表現するだけで、おもしろい画は撮れると考えたのだ。

理論的に分析することができれば、
YouTuberとして
成功するのは簡単だ。

さらに、食との結びつきという点で言うと、基本的に釣った魚は調理して、食べるところまでを動画にしたのも狙いだ。**ただ魚を釣って終わりだと、それはフィッシングというスポーツでしかなく、**生活原理とは離れていってしまう。一方で釣った魚を食べるところまでを一連の流れにすれば、それはフィールドを屋外と設定したアウトドア、つまり生活の一部と捉えることができる。

正直、釣り動画に比べて、料理動画の再生数は半数程度に落ちるが、それでも良いのだ。**「釣ったあと、食べる」という予定調和**を作ることで、視聴者には釣りの動画をよりワクワクとした視点で見てもらえる。逆にこの**予定調和がないと、釣りの動画の楽しさは半減してしまう**という考え方だ。

これが釣り専門のチャンネルを立ち上げた経緯だが、どこかにずば抜けたクリエイター気質を感じ取れるだろうか。どちらかというと、極めてシンプルな論理的な思考で答えにたどりついたと僕は考えている。

統計学者の方がYouTuberに向いていると先に述べたのは、このような僕自身の経験からだ。

リーダーとして意識する寛容さと伝え方

僕は「釣りよかでしょう。」のリーダーで、会社の代表だ。

ただ正直、代表になりたいわけではなかったこともあり、明確なリーダーシップ論は持っていないと思う。

実際、メンバーが遅刻してきたり、休憩時間が長いようでも、文句を言うことはほとんどないし、むしろ、動画がバズったりすれば、ボーナスをあげるなど、リーダーとしてはかなり甘い方だろう。

メンバーにある程度自由を許している理由の一つに、不特定多数の人に見られるYouTuberという職業柄の特殊性もある。

動画で顔をさらしていると、プライベートな時間でも視聴者に声をかけられることもあるし、動画やSNSなどでアンチコメントが飛び交うのも日常茶飯事だ。それはもちろん僕も、メンバーも。

アンチコメントは気にしないことが一番なのだが、ニコニコ動画時代から長年動画を配信している僕でさえ、やはり気にならないと言えば嘘になる。

ただ、そんなアンチコメントに自ら「いいね」を押したり、「貴重なご意見ありがとうございます」といった、一見肯定しているようなコメントでも返すのは絶対にやってはいけないことだ。


万が一その行為を機にヒートアップしてしまうと、炎上する可能性があるからで、そうなると再生数が激減したり、場合によってはチャンネルの存続さえ危ぶまれるかもしれない。つまり、「釣りよかでしょう。」や「佐賀よかでしょう。」のブランドを傷つけることにつながりかねない。


僕は例えばメンバーがそういった行為をしているとしたら、そこは注意する。

とはいえ、注意の仕方は、細心の配慮をした上で、だ。

頭ごなしに「するな」ではなく、「アンチコメントに対して本人が『いいね』をすると、強がっているように見えるよ」というような言い方がベターだと僕は考える。

ただ、そういう言い方をされたことに対し、「強がっていない」と反論されるとどうだろう?


これは完璧に論点がずれている。僕は遠回しにではあるが「アンチコメントに対して、いちいち反応しないこと」を説いているのであって、「強がっている、強がっていない」は正直どちらでも良いのだ。

なぜ頭ごなしに「するな」と言わないのかというと、僕はメンバーとはできるだけ揉めたくないからだ。メンバー間での揉めごとほど面倒なことはない。

ただ、会社内ではメンバーとほかのスタッフに明確な線引きはしている。

前述したようにメンバーは動画に出ることで、アンチコメントに悩まされたり、さまざまなリスクを抱えることになる。

一方でそんなリスクがないスタッフがメンバーと同じように自由な働き方をしていたら、ただただ甘いだけの組織になってしまう。

だから、そこはストレートにしっかりと注意するのはささやかなポリシーだ。これは会社の代表として意識していることと言えるかもしれない。

知人のYouTuberから、「よくあんなに個性が強いメンバーたちをまとめているね」と言われることも多い。

それだけ我が強いメンバーぞろいの「釣りよかでしょう。」「佐賀よかでしょう。」。だからこそ、ちょっとした判断ミスで揉めごとに発展する可能性は大いにある。

そのために**寛容さや言葉選びは重要**だ。

YouTuberとしての仕事を全うすればするほど好感度は下がる

YouTubeでは、元気があって、積極的な人の方が叩かれる傾向にある。

実際、前に出れば出るほど、「しゃしゃり出すぎ」「なんか気に食わない」「あいつ嫌い」といったアンチコメントも増える。

つまり、それは好感度が下がっているということで、YouTubeの世界じゃなくても、誰しもできれば嫌われたくないだろう。

では、好感度を下げないためには、どうするか。

必要以上に喋らず、おとなしくしておくことだ。

ただ、YouTubeで動画を配信している以上僕は、**喋らないのは仕事を放棄していると考える。** YouTuberとして動画に出演するなら、視聴者におもしろい、楽しいと思ってもらえる動画を制作するのは絶対的な使命。

好感度を下げたくない、アンチコメントを受けたくないといった理由は言い訳にしかならない。

動画をより楽しいものにする努力をすることはもちろん、盛り上げることを放棄したらYouTuber失格だ。

僕らの場合、ゲストに来てもらって、動画を撮影することも多々ある。

そんなとき、ゲストの人間性や個性を把握することもせず、傍観者を決め込むのは動画に出演する人としての実力がないと僕は考えている。たとえ、叩かれる可能性があっても、ゲストが一番輝くように会話をふるべきだし、場合によっては、いじることも必要なのだ。いじることは難しくて、状況やその人のキャラクターによっては、〝いじり〟が〝いじめ〟と捉えられることもある。

ただ、結局はその人と自分の関係性が築けているかによるもので、動画はアンチコメントの嵐でも、ゲストからは多大な感謝を受けることも少なくない。

この、〝頑張ることで、ゲストには好かれるけども、視聴者からは嫌われる〟、〝頑張らないことで、ゲストとの関係性は大きく変わらず、視聴者の好感度は上がる〟という、YouTuberならではの、悲しい方程式は消えない。

汚い稼ぎ方はしてはならない

YouTubeを通して収益を得ている僕だが、お金の稼ぎ方に自分なりの正義を持っているつもりだ。

例えば「佐賀よかでしょう。」の山復興プロジェクトなどでも、視聴者の皆さんから「クラウドファンディングを立ち上げてくれたら支援するのに」「YouTubeでライブ配信をしてくれたら、スーパーチャットを投げる」といったありがたいコメントをいただくことも多い。

ただ、僕は**クラウドファンディングやスーパーチャットを通していただいた金額以上のものをお返しできないなら、やるべきではない**と考えている。

それは視聴者の皆さんからお金をむしり取るような行為だからだ。

最近、「1000円支援してくれたら、リプを返します」、「1万円支援で、握手できます」といったリターンを設定しているケースもよく目にするが、僕からしたら、そのお返しが支援いただいた額に見合った価値なのか、甚だ疑問だ。

そもそも、クラウドファンディングは個人規模の株という考え方で、リターンは支援した金額以上のものであるべきなのだ。

　僕は最低でも支援額に対して、金額面で倍以上のお返しとならないとやってはいけないと考えている。


　一方で、スポンサーから広告収入をいただくのはなんら問題ない。

　僕らはもちろん、クライアントの利益にもつながるわけで、お互いにウィンウィンの関係性を築けているという考え方だ。

　もちろん、大前提として、僕らは最大限、そのクライアントの利益になるような動画を制作するための努力は惜しまないし、視聴者にとっても、その動画がおもしろいものになるよう、精一杯の工夫をする。


　ただ、スポンサーありきの仕事でも、**自分たちがその商品や企業に価値観を見出せないのであれば仕事を請けるべきではない。**

　悪い商品を、いかにも良い商品のように紹介するのは、正直簡単だが、それは視聴者をだます行為だ。必ず目先のお金と引き換えに、信頼を失うことにつながる。

　この考え方はビジネスとしては当たり前なのだけれど、やはり目先のお金に飛びつく人も多いのが現実。だから視聴者側も、無数にあふれる情報から、正しい選択をできる判断力を磨かなければならない。

目先のお金に飛びつけば
信頼は必ず失う。

　また、芸能人など著名人と動画で共演する場合もちょっとしたポリシーがある。「釣りよかでしょう。」「佐賀よかでしょう。」では、さまざまな著名人に出演していただいてきたが、それらはすべて仕事ではなく、純粋に一緒に釣りや遊びを楽しむことが大前提にある。つまり、お互いに損得勘定はないということ。

　僕らのチャンネルは、佐賀に暮らす30代、40間近の男たちのホームビデオの延長だ。極端な話、YouTubeは僕やメンバーたちの思い出の動画をずっと残せる便利なサーバーのようなもの。だから、どれだけ有名な方に出演いただこうと、そのスタイルは変わらない。

　そんな考えなので、著名人に動画に出てもらうことになっても、それは企画ではなくあくまで遊び。**動画はそんな遊びのワンシーンを撮影させてもらっているという感じに近い**だろうか。

　僕らは自分たちが楽しめないことはしたくない。

　おそらく、ビジネス的な観点で著名人とコラボするとなったら、僕らは心の底からは楽しめないし、相手の方も全然楽しくないだろう。

　もし、そういった動画をチャンネルにアップしたとしよう。それは結果的に視聴者の期待を裏切る行為と同じというのが僕の考えだ。

YouTubeの寿命

YouTubeは現時点では世界最大の動画配信サイトであるが、時代のニーズの変化などによって、いつか飽きられる日がくるかもしれない。

ただ、例えばYouTubeと同様の動画配信サイトが新たに登場し、覇権を握ったとしても、根底にある使われ方、楽しみ方は大きくは変わらないだろう。

それは、YouTubeに代表される**動画配信サイトが、スマホというデバイスに最適なプラットフォーム**だからだ。

傘を例に説明したい。

傘は大昔から存在する雨をしのぐ道具であるが、ほとんどその形状を変えることなく、現在に至っている。つまり、今僕らが使っている傘の形状が雨をしのぐ道具としての進化の到達点であるからだ。

スマホも同じで、これ以上の進化はあまりないと僕は考えている。

技術的にさらに小型化したりもできるだろうが、それをするとスマホでメールを打ったり、インターネットを用いて情報を得ている人には逆に不便になる。

SF映画の世界のように、なにもない空間に画面を表示させる技術が発明され、実用化されたとしても、情報が表示される場所が変わるだけで、スマホの役割としての大きな変化はない。

仮想現実を見せるVR（バーチャル・リアリティ）もすでにあり、さまざまなシーンで見かけるようになったが、それがスマホに取って代わることも考えづらい。なぜならスマホの一番の魅力は手軽さであり、VRのようにゴーグルやヘッドセットを必要とするデバイスは、使用する側のハードルが上がってしまうからだ。

メディア自体も時代とともに変わってきた歴史があり、新聞、雑誌といった紙媒体に続いてラジオが普及し、その後テレビがメディアのメインストリームになった。さらにパソコンが登場したことでインターネット通信が発展し、テレビを見ずともさまざまな情報を得ることができるようになった。

そして、スマホの誕生である。

現時点でのスマホはほぼ進化の到達点と考えれば、スマホで動画を視聴するのに最適な現在の動画配信サイトも、これ以上大きな変化はないというのが現時点での僕が出した答えだ。

つまり、**YouTubeは今後もスマホを主戦場としたメディアとして続く**はずである。そう考えると、YouTubeの寿命は極めて長い。さらに付け加えると、GoogleがYouTubeを管理していることも大きなアドバンテージだ。

一方で僕らがYouTuberとして永続的に活動し続けることができるかと問われると正直、自信はない。

「釣りよかでしょう。」を始めた当初、僕は5年が一つの目安になると考えていた。自分自身がそうであるように、どんなに好きな番組でも**必ず飽きる日は訪れる**からだ。ただ僕は、再生数を右肩上がりで成長させることに危機感を覚え、あえてある程度の水準でキープできるような手法を選んだ。先ほど説明した、日本人に好まれる予定調和の水戸黄門方式だ。

それによって、YouTuberとしての僕は延命できた。ただ、それも永久ではない。

きっとここ数年のうちに、さらに長く愛される工夫を講じなければならないと僕は考えている。

COLUMN

「釣りよかでしょう。」メンバー（＋エガちゃん）×〇〇〇

「釣りよかでしょう。」は、よーらい、むねお、はた、きむ、とくちゃん、こだまの6人のメンバーからなるYouTubeチャンネル。エガちゃん（本名、江頭勇哉）は「『釣りよかでしょう。』のテーマ」を歌う佐賀県在住のシンガーソングライターで、「釣りよかでしょう。」の動画にも度々出演。本書のカバーイラストもエガちゃんが手掛けた。

「むねお×○○○」

むねお×「釣りよかでしょう。」

僕とよーらいの出会いは小学生のとき。

小学校は違ったんですが、同じ新体操クラブに所属しており、そこで初めてよーらいと出会いました。一緒にいる時間は練習のときだけだったので、めちゃくちゃ仲が良いというわけでもなく、また通っていた中学校や高校も違ったため、一度は関係が途切れました。

ただ、17歳のときバイト先が偶然同じになり、そこから改めて友人関係が復活。

そこから社会人になっても、一緒に遊んでいましたね。

だから、よーらいがニコニコ動画でゲーム実況や佐賀での日常を動画としてアップしていたときから、知っています。

一緒に遊ぶなかで、撮影について行くこともあったし、その流れから動画にも出演したんです。僕の記憶が正しければ、確か最初に動画上で顔出ししたのは、僕だったような……。

ただ当時、ニコニコ動画に顔出しするのは、タブーとされていたので、よーらいから「本当に顔出していいと?」と念押しされましたね。僕はまったく、そんなことは気にせず（笑）。

そんな感じでニコニコ動画を楽しんでいたんですが、そのうち徐々に撮影に行かなくなって、自然消滅のような形でニコニコ動画から離れていったんです。

それから1年ぐらいして、YouTubeでなにかやろうと、当時のメンバーが言い出したと思うんですよね。

最初はよーらいよりも、そのメンバーの方がやる気満々だったんですが、彼は言うだけ言って、3回目ぐらいの釣りのときに、いきなり来なかった（笑）。

よーらいはその当時から、「本気でするけん、ちゃんとやってよ」って言っていて、毎日必ず動画を1本アップしていたんです。

一方、僕はというと、仕事もあったし、彼女との関係もあって、日曜ぐらいしか撮影に参加できていなかった。ただその当時、はただけは毎回撮影に同行していて、

Twitterを介して知り合ったきむも頑張っていた。

僕が「釣りよかでしょう。」に本腰を入れたのは、勤めていた佐賀の工場がなくなり、福岡に異動しなきゃいけないっていうタイミングでしたが、実はその前によーらいからメンバーとして正式に活動しないかと誘われたことがあったんです。

そのときはチャンネル登録者数もめちゃくちゃ少なくて、全然YouTuberとして稼げていないとき。でも、よーらいはすでに仕事を辞めて、YouTube一本でやっていくって腹を決めていたんですよ。僕はちょうどそのとき彼女との結婚のこととか、いろいろあって、踏ん切りをつけることができなかった。よーらいの決断力ってすごいですよね。

むねお×よーらい

よーらいは知らない人から見ると、〝天才〟のように見られているんじゃないですかね。ただ、ずっと友人としてそばで見ている僕からすると、〝努力の天才〟なんだと思います。とにかく、なんでも突き詰めて考えるんです。

多分、よーらいは好きなことをやっているだけで、それを努力とは思っていないいんでしょうが、傍から見ると、「そんなことまで調べるの?」っていうことばかりで、努力以外のなにものでもない気がします。

よーらいはお笑いが好きで、よく見ていますけど、おそらくそれもただ見て笑っているだけじゃなくて、動画を作る上でのヒントを知らず知らずのうちに知識の引き出しに入れていると思うんですよね。だから、動画の企画を考えるときも、撮影時の判断も、編集作業もとにかくなんでも速い。

さらに、先見の明があるのもよーらいの強みだと思います。

YouTuberとしての活動もそうですが、僕らが「釣りよかでしょう。」をやり始めた当時って、そこまでYouTuber全盛の時代じゃない。

でも、よーらいは最初から「絶対イケる」って言ってた。僕なんかは、佐賀をフィールドに、しかも釣りの専門チャンネルをやっていくことに、ぶっちゃけ自信はなかったですよ。多分それは、立ち上げ当時からいた、はたやきむも一緒じゃないですかね。

よーらいのその確信は、さまざまな可能性やリスクを調べ尽くした上で生まれたものなんだろうな、と思います。

よーらいの「釣りよかでしょう。」での立ち位置を一言で表すと、絶対的なプロデューサーです。

僕も含めてメンバーは比較的自由に活動させてもらっていますが、やっぱり最終的な判断を仰ぐのはよーらい。

例えば企画を考えたら、みんなよーらいに相談しますし、より良くするためにヒントをもらう。その答えは明確で、的を射ているのも、よーらいのすごいところでしょうね。

思い出の一本

『瀬渡し初体験!ライトショアジギング　釣りよか　2/2』
2014/11/22公開
「すっごい大物が釣れた動画とかいっぱいあるんですけど、きむと初めて会ったときが、なぜか想い出深いんですよね～」(むねお)

はた×〇〇〇

はた×「釣りよかでしょう。」

僕はもともとニコニコ動画時代からの視聴者でした。当時、ちょうど仕事を辞めたタイミングで、とにかく暇で暇で仕方なかったんです。そんなとき、ニコニコ動画の「佐賀よかでしょう。」のオフ会があると聞いて、参加したのがよーらいさんとの出会いです。それから、ちょくちょく一緒に遊ぶようになって、先輩と後輩のような関係で仲良くなりました。

僕は動画に出ることはもちろん、動画を作ることもまったく考えていなかったんですが、YouTubeにアップする動画を撮りに行くからということで、２０１４年の初回から撮影担当として一緒に行きました。「釣りよかでしょう。」を立ち上げた当時、撮影から帰ってきたらよーらいさんは寝る時間を削って編集作業をしていました。

隣りでその作業をずっと見ていて、「僕も編集やってみて良いですか？」と伝えたら、「助かる」とよーらいさん。

そんな感じで自然と撮影以外にも、できることが増えていきました。

はた×よーらい

僕はよーらいさんよりも8歳下。だから、自然な流れで先輩として尊敬していましたし、いつも仲良くしていただいていてありがたいな、と思っていました。

そんな僕がよーらいさんを見ていつも感じるのが、企画力のすごさです。

僕らでは思いつかないようなおもしろい企画を考えるし、それを実現させてしまうのもすごい。

例えば最近だと、「佐賀よかでしょう。」で山の復興プロジェクトをやっているのですが、それもよーらいさんは、だいぶ前からやりたいと言っていたんです。世間話程度の話題だったのに、よーらいさんは自ら動いて、撮影に適した山を探してきて、交渉までしてきた。しかも、それらの行動がすべて速くて、慎重さも兼ね備えている。

なにより、やると決めたらやりきってしまうのもよーらいさんの強みだと思います。

ニコニコ動画を視聴していたときから感じていましたが、話もすごくうまいんです。生放送とかだと言ってはいけないことも、あるじゃないですか。でもそういったことをちゃんと判断しながら、おもしろおかしく話をできるよーらいさんのトーク力はさすが。実際それが楽しいから、ニコニコ動画をずっと視聴していましたしね。

それに、イベントのときの司会進行なども上手なんです。僕はそこまで話すのが得意な方ではないですが、いつも適度にいじってくれて、その場を盛り上げてくれる。人前に立つなんて昔の僕からしたら考えられないことですが、よーらいさんと出会ったことで、僕自身、かなり変われたと思っています。

人間的な部分で言うと、優しさもよーらいさんの魅力ですね。

YouTubeのチャンネルを通して、みんなを守れるぐらい稼ぎたいって常に言ってくれていますし、「万が一YouTuberとして活動ができなくなっても心配しなくて良い」と安心感を与えてくれる。だから僕らはのびのびと自由にYouTuberとして活動できていると思っています。

さらに、メンバーだけではなく、編集者の人たちにも「仕事が詰まりすぎてない?」

といった声をかけている姿もよく見かけます。気遣いは欠かさないし、周囲をよく見ているのは、そんなよーらいさんの優しさあってのことだろうと思いますね。

僕は会社員時代、上司に怒られたら、すぐにふてくされるタイプでした。でも、よーらいさんに注意されても、まったくそんな気持ちにならない。

それは、よーらいさん自身が行動する人だから。なにを言われても、説得力があるんですよね。

思い出の一本

『【衝撃】フェリー乗り場の隣で信じられない生物が・・・』
2017/04/22公開
「『釣りよかでしょう。』の代名詞的な動画ですが、やっぱりあのときの興奮は忘れられない」(はた)

「きむ×○○○」

きむ×「釣りよかでしょう。」

もともと小さいときから釣りが趣味で、「釣りよかでしょう。」を見ていたんです。よーらいさんのTwitterもフォローしてて。そしたら、ある日、「海釣りの経験者いないですか?」みたいなツイートがあって、それにリプしたら、よーらいさんから一緒に釣り行きましょう、とDMが来た。そんな感じでよーらいさん、むねおさん、はたくんたちと初めて会いましたね。

それから撮影に行けるときは必ず行って、動画にも出てたんです。

よーらいさん、はたくんと僕の3人だけで釣りに行くことも結構多くて、みんな仕事をしていたから、体力的にも金銭的にもカツカツで。今振り返ってもあの当時はきつかった。でも、もっときつかったのはよーらいさん、はたくんだったと思います。

当時、僕はめちゃくちゃ自分勝手でして……。

撮影から帰ってきて、みんなクタクタの状態だけど、よーらいさんとはたくんは編集作業を頑張る。僕は家に帰って寝る、みたいな（苦笑）。本当に嫌なやつでした……。

でも、そんな僕でもよーらいさんは釣りに誘ってくれた。もちろん、あまりにひどいと注意もされていましたよ。でも、嫌な言い方じゃなくて、「今が頑張り時やけん」って感じで励まされていた感じに近い。だから僕も大変だったけど頑張れたし、なによりみんなで釣りに行けることが純粋に楽しかったんです。

きむ×よーらい

よーらいさんは「釣りよかでしょう。」が大きくなるって最初からわかっていたんだと思います。

僕が出会った当時はよーらいさんも仕事をしながら、YouTuberとして活動していたんですが、ある日、「もう仕事辞めてきた！」って帰ってきたんです。まだ全然チャンネル登録者数も少ない時期だったし、収入なんてほぼないようなものでした。

そのとき、「マジで⁉ はやっ！」って思いましたもん。でも、今考えると、そこから徐々に軌道にのっていったわけで、「釣りよかでしょう。」だけで食べて行けるって確信があったんでしょうね。

そんなエピソードからもよーらいさんは常に先の先を見ている人だな、って感じています。

目の前のことはもちろんやるんですが、「これをやったら、次にあれがこうなって、そしたら結果こうなるな」みたいな計算が瞬時にできてるんですよね。

それは動画を編集するときにも表れていて、例えば、サムネイルから視聴者の興味をそそる術もそう。画像を合成するなど、より見たくなるように工夫したのもよーらいさんが最初ですし、さらに動画の尺もちょうどいい長さがあるとか、再生数を伸ばすための分析も常に怠らなかった。言われてみると、「なるほど」って納得できることなんですが、それに気づけるか気づけないかが重要なんです。よーらいさんは、そういう気づきの天才でもありますね。

ただ、明日のことを忘れていたりは結構ある（笑）。次の日、もともと予定が入っているのを忘れて「明日、みんなでツーリング行こう！」とよーらいさん。僕らは「よーらいさん、明日は予定がありますよ」って言うと、「あ、そっか」みたいな（笑）。

また、人をまとめる能力に長けているのもよーらいさんの魅力の一つ。僕らメンバー5人はもちろん、編集者や事務員の方々をまとめるのは大変だと思います。僕には真似したくてもできないですね。だから、休みの日もメンバーみんなでバイクでツーリングに行ったり、自然と一緒にいることが多い。

さらに、「今日暇だから、よーらいさんの家に遊びに行くか」といった気軽な関係性でいられるのもよーらいさんだから。そういった意味ではやっぱりリーダーの資質があるんですよね。

でも、常に先陣を切って走るわけでもなく、僕らの足並みにそろえて、まかせてくれることも多い。だから僕らも企画や撮影、編集など、動画を作る上での技術は上がりましたし、自信にもつながった。スピーディーに作業を終わらせられるようになったのは、よーらいさんの背中を見ていたからというのは大きいと思います。

思い出の一本

『【衝撃!】尾野真千子さんと釣りに行ったらギネス級の青物が・・・』
2019/04/26公開
「青物釣りで20kgオーバーってなかなか難しい。そういった意味でも27kgのヒラマサを釣ったときは嬉しかったな～」（きむ）

「とくちゃん×〇〇〇」

とくちゃん×「釣りよかでしょう。」

僕は小学校低学年のころからずっとバス釣りをしてきました。就職してからもバスプロになることを考えていたほどです。

ある日、仕事終わりにバス釣りをしていたら、「釣りよかでしょう。」のメンバーが偶然同じ場所で撮影をしていたんです。当時、僕は「釣りよかでしょう。」の存在を知らなかったんですが、バサー（バス釣りをする人）として僕のことを知っていて、「もしかして、とくちゃんですか？」と声をかけてもらったんです。それでいろいろ話しているうちに動画のストックを貯める意味でも、バス釣りに関することをいろいろ教えてほしいと頼まれて。それから「釣りよかでしょう。」に関わることになりました。

ただ僕は当時、仕事をしていましたし、バスプロになる可能性も捨てきれずにいたので、アドバイザー的な立ち位置で出演させてほしいと、よーらいさんに伝えました。

実は当初は動画に出ることも、あまり好きじゃなかったんです。というのも、YouTuberになると、バス釣りの業界では不利になると考えたから。でも、「釣りよかでしょう。」に関わっていくうちに、バスプロもYouTuberも肩書きが違うだけで、やっていることは変わらないと考えるようになりました。むしろ、YouTuberの方が自由にバス釣りの楽しさを発信できると考えを改めたんです。

バスプロはその名の通り、プロとしてお金を稼ぐ職業。だから、やっぱり素人とはひと味違う感じを演出しないといけない。

でも、僕がなぜバスプロになろうと思ったのかというと、釣りってこんなに楽しいんだよっていうことを伝えたかったというのが一番の理由。「釣りよかでしょう。」に関わるようになって、そのことを再確認できたんです。そういった意味でも「釣りよかでしょう。」との出会いは転機になりましたね。

とくちゃん×よーらい

よーらいさんと出会ってすごいと感じたのが、決断力とその決断に至るプロセス。普通、なにかを始めようとするときって、成功することだけをイメージしがちですよね。でも、よーらいさんは、失敗する不安要素も常に考えている。成功への道筋が見えているのはもちろん、失敗につながってしまう要素もわかっているから、そういう事態になりつつあると、すぐに軌道修正できるんです。

一方で、なにかを始めるにあたり失敗する可能性が高いと判断した場合は、しないという選択もする。すべて、なんとなくではなく、しっかりと分析した上で判断できるのはよーらいさんならではだと思います。

妥協する、しないの見極めもよーらいさんらしさが出る部分。実は6人いるメンバーのなかで、意外と妥協しがちなのはよーらいさんなんです。ただ、よーらいさんが妥協するポイントって最終的にはあまり重要じゃない部分で、むしろ作業がスピーディーに効率良く進み、結果的になんの問題も出ないことがほとんど。

僕はプラモデルを作るのが好きという性格もあってか、ついつい細部にまでこだわりがちになってしまう。でも、それは自己満足でしかないということを学びました し、逆に妥協しちゃいけない部分がなんなのかが、よーらいさんと一緒にいることでなんとなくわかってきたような気がします。

また、ついつい自分の興味がある方に行きがちな僕とは違い、よーらいさんは世間の人がどんなことに興味があるかをよく考えているな、と思います。結果として、そういった企画の動画は再生数に表れますし、企画としてもおもしろい。そういった部分を垣間見ると、よーらいさんは知識の引き出しが多いと感じます。

そして、その引き出しの多さは一つの企画でできるだけたくさんの動画を制作することにもつながる。例えば僕が出した企画をよーらいさんに聞いてもらうとします。僕は動画2～3本分になると思っていても、その倍ぐらいの数の動画にすることができる、とよーらいさんは言う。これは知識量の差が大きくものをいう部分であり、さらに工夫やアイデアもやっぱり斬新なんです。

思い出の一本

『【心霊ドッキリ】家に幽霊が出るついでにドッキリした！』
2016/10/09公開
「僕は翌朝6時から仕事なのに、深夜に呼び出されたドッキリ企画。『ここまでやるか？』ってマジで思いましたね（笑）」（とくちゃん）

「こだま×〇〇〇」

こだま×「釣りよかでしょう。」

僕はもともと釣りが好きで、「釣りよかでしょう。」のいちファンでした。きむくんがTwitterで「おもしろい魚が釣れる情報、知りませんか?」とツイートしていて、それにリプしたのが始まり。

当時、僕は長崎に住んでいました。釣り場を案内する視聴者という形で初めて動画に出たのが、2017年。それから、きむくんと連絡取りながら、案内人という形で「釣りよかでしょう。」と関わっていたんです。

2018年の年の瀬ぐらいに、仕事を辞めて、故郷の宮崎に帰って再就職をしようと思っていたところ、よーらいさんから、「仕事を辞めるなら一回、うちの手伝いしてみらん?」と言われ、「釣りよかでしょう。」を本格的に手伝わせていただくように。もともとは編集をメインでやろうと思っていたのですが、僕も釣り好きなことから、次第に動画に出るようになり、2019年夏に正式メンバーとなりました。

こだま×よーらい

「釣りよかでしょう。」はメンバー6人に加えて、編集者さんや事務員さんもいる、いわゆる会社組織。代表はもちろんよーらいさんです。

僕は10年以上、会社勤めしていたので、特に強く思いますが、よーらいさんは〝ザ・社長〟な感じを一切出さない人。ボスというより、やっぱりリーダーという呼び方がしっくりくるかなと思います。その理由はみんなを引っ張る存在ではあるのですが、自ら動いて、一緒になんでもやってくれるから。ともに苦労してくれる人と言うんでしょうか。

さらに、例えば失敗してしまったときも、そこまで強く非難することはないのがよーらいさん流。しかも注意をしたとしても「まあ、俺もそういう失敗をやっちゃうけどね」といったフォローを必ずしてくれる。そういった意味では理想の上司像、リーダー像に近いかもしれませんね。

また、僕がいち視聴者として「釣りよかでしょう。」を純粋に楽しんで見ていたように、どんな動画が一般の視聴者の心を掴むか、本当によくわかっているな、と正式にメンバーになって強く思いました。

これはずば抜けた分析力によるもので、サムネイルにしても、タイトルにしても、動画の切り取り方にしても、すべてそれを選んだ理由があるんです。

僕もきむくんに動画制作のノウハウを一から教えてもらい、よーらいさんのやり方も真似ていますが、アドバイスをもらうと、いつも「なるほど」の連続です。

思い出の一本

『【衝撃再び】フェリー乗り場の隣で信じられない生物が・・・』
2019/06/03公開
「最後の最後に大物が釣れた思い出の動画。きむくん、とくちゃん、含め、みんなめちゃくちゃテンション上がりました」（こだま）

「エガちゃん×〇〇〇」

エガちゃん×「釣りよかでしょう。」

僕は高校を中退してから、音楽活動で食べていくと心に決めていました。「アーティストになるなら、まずはオーディションから」という正攻法の考えで、できるだけたくさんのオーディションに挑戦。運も味方したと思いますが、優勝や準優勝という結果がほとんどだったんです。ただ、優勝したからといって、なかなか知名度は上がらないし、CDを出しても売れるわけじゃない。どうやったらアーティストとして成功を収めることができるのか、めちゃくちゃ悩んでいた時期に出会ったのが「釣りよかでしょう。」でした。

その当時、チャンネル登録者数は2万人ぐらいだったのですが、僕は子どものころから釣りが好きだったこと、また同じ佐賀で活動していることから「釣りよかでしょう。」に惹かれました。そこで、僕もYouTuberとして活動してみようと一念発起したんですね。しかもジャンルは釣りで、チャンネル名は「釣りばっかい」。「釣りよかでしょう。」の影響をかなり受けていますよね（笑）。

そうやってYouTuberとして活動を始めたある日、釣り場で偶然、よーらいさん、むねおさん、とくちゃんにお会いしたんです。

僕らも動画を撮影していたので、よーらいさんたちの方から「佐賀でYouTuber初めて見ました」って声をかけていただいて、そのまま3時間ぐらい話が盛り上がったんです。そのなかで僕がアーティストをやっていることを話したら「『釣りよかでしょう。』のテーマソングが欲しいと思っていたところ。良かったら作ってくれませんか?」という話になり。僕は大ファンでしたので、むしろ僕で良いんですか?という感じで、「『釣りよかでしょう。』のテーマ」ができあがりました。

チャンネル内でもテーマソング完成の動画をアップしてもらい、さらに、とあるオーディション優勝の副賞としてCDを全国リリースしていて、「『釣りよかでしょう。』のテーマ」を歌っているアーティスト〝江頭勇哉〟として、全国の方々に知ってもらうきっかけになった。だから、僕にとっては、よーらいさんはじめ「釣りよかでしょう。」は命の恩人とも言える存在なんです。

エガちゃん×よーらい

そうやって偶然の出会いから、仲良くなったよーらいさんですが、一緒に釣りに行ったりするなかで、とにかく「この人、すごすぎる」の連続でしたね。

「一体いつ寝てるんだ?」っていうぐらい、いつも動画の撮影に行って、編集して、投稿してるし、毎日1時間ぐらいしか寝てないんじゃないか、っていうぐらいのバイタリティ。僕のなかでは同じ人間とは思えなくて、よーらいという人種って思っているぐらいです。

そして、よーらいさんの愛情の深さもぜひ知ってほしいところ。僕もたくさんの機会をいただきましたが、いつも誰かにいろいろなチャンスを与えてくれる人なんです。そこまで周りを気遣える人ってなかなかいないと思います。

実際、僕もたくさんの動画に出演させていただいていますが、僕の気を遣いすぎる性格をわかってくれた上で、いつもいじってくださり、結果、僕自身、現場が楽しいし、動画としてもおもしろいものにしてくれる。

そんなよーらいさんだから、一緒にいると、人間として見習わないといけないな、って思わせてくれる部分がたくさんあります。今までの人生で影響を受けた人をあげるとすれば、よーらいさんが一番っていうぐらい。

だから、この本の表紙にも使っていただいている、よーらいさんの似顔絵を描くってなったとき、めちゃくちゃ光栄でした。

僕が似顔絵で表現したのは、人間離れしたよーらいさんのすごさと愛情。

顔半分をメカにしたのは、人としてのすごさの表れ。

言動はいつも正確で的確。すごい知識量を持っていて、さらに分析力や考えるスピードも人一倍すごい。まさにロボットです。

一方で髪はよーらいさんが飼っている、愛犬のまると愛猫のまりもなのですが、これは愛情の深さを表現しています。

僕のなかでは、「この似顔絵こそが、よーらいさんだ」と思っていますね。

思い出の一本

『メンバー6人が渾身の演技でMV撮影に出てみた!』
2021/05/16公開
「僕の『実り』という曲のMVにサプライズでメンバーのみんなが出演してくれました。感謝の気持ちでいっぱいです!」(エガちゃん)

「むねお氏やきむが話していたように『釣りよかでしょう。』を始めたときは、はた、きむ、僕の3人で撮影に行くことが多かった。お金もなかったので、高速道路料金をケチって下道で遠くまで行ってたな～」（よーらい）

第 4 章

楽な正義に終止符を

ひねくれ者の分析力

僕は常識と呼ばれるものをすべて疑ってかかるようにしている。

それが、その業界では定石とされていることでもだ。

「釣りよかでしょう。」の視聴率について、多くのYouTuberが在籍している事務所のスタッフが分析したことでも、まず納得はしない。膨大な量のデータを集めて、至極真っ当なことを言っているようでも、見方や捉え方次第では、それは間違っている可能性があるからだ。

日常の暮らしでも疑問を抱くのはしょっちゅうだ。

自動車の免許更新の際に言われて疑問を抱いた例をあげてみる。佐賀県は、人口10万人当たりの人身交通事故発生件数が２０１２年から5年連続で全国ワースト1位となっていたという。もちろん、事故件数を少なくするための警鐘というのは理解しているけど、「そうなんだ」で終わってはいけない。

「それって正しいのか？」という疑問を持つべきだ。

佐賀県は田舎のため、通勤に必要といった、さまざまな理由で、1人1台車を持っている世帯が多い。つまり、そもそも車の所有率が違うのだ。

隣県である福岡県は市街地に住んでいれば、車を所有していない世帯もあるだろうし、持っていても1世帯につき1台というケースがほとんどだろう。

つまり、例えば佐賀では4人家族全員が車を所有していて、福岡では4人家族で1台のみ車を所有していたとすると、佐賀の方が人口は少ないのに車の台数は増えるということになる。そう考えると、人口10万人当たりの人身交通事故発生件数が多いという統計が正しいものではなくなってくる。

統計の取り方一つで、有利、不利が出てくるというのは往々にして起こり得るもので、もっともらしい説明をされても、すぐに納得しないことが大切だ。

世間一般的に見たら、ひねくれ者、天の邪鬼とカテゴライズされるため、社会適合性がある方ではないだろう。ただ、そういった考え方を持っていたため、人とは違う部分に気づけることは多く、それがさまざまなことに生かされることもあると僕は思っている。

もっともらしく言っていることこそ
「正しいのか?」という疑問を持て。

こんなエピソードもある。工場勤務時代、定期的に業務改善案を提出する必要があったのだけれど、同僚のA君が出した業務改善案に対し、上司はそんなことはありえないと断言して、叱責した。

生産効率が悪い製品について改善するという目的があってのことで、A君が出したのはほかの製品に関わること。そういった意味では確かに見当違いの部分もあったが、A君が議題にあげた製品に関しては、ほかの工場よりも僕らの工場の方が生産効率に優れていた。

だから僕は、A君の案に補足して、僕らの工場が効率良く生産できている製品をさらに伸ばすことで、トータル的には改善を目指す方法もあると説いた。

要は「全体で見たときの相関」と「分割して見たときの相関」が逆になってしまう、〝シンプソンのパラドックス〟という考え方を引き合いに出し、「統計の取り方によっては、結果は変わりますよね?」ということを上司に説明したわけだ。

決して論破するのが好きなわけではないが、「確実にない」と言い切る上司に対して、「そうとも言えない」考え方があることを示したかったという、ひねくれた思いがあった。

また、意見の一致が100%に近づくほど信頼性が下がるという、〝満場一致のパラドックス〟という考え方もひねくれた僕を後押ししてくれた。

例えば、ブドウの中にミカンが一つだけ入っていれば、違いは一目瞭然なので満場一致でミカンの存在を示すことができる。

ただ、そんな**明白な違いをもって、正しい答えを導き出せる状況は、実社会ではほとんどない。**

だから、満場一致で回答や方針が決まったときこそ、とくに疑ってかからないといけない。もし、全員が同じ結論に導かれたとしたら、印象操作やなにかしらのバイアスがかかっていると僕は考えるようにしている。

世の中の仕組みは バカ基準でできている

誰かに嫌われるのは居心地が良くないし、できるだけ平穏な日々を過ごしたい。でも同調はしないし、理屈はこねるし、社会不適合と思われても仕方ない。だからこそ、会社員時代は死にたくなるほどおもしろくなかった。
言葉を選ばずに言うと、世の中はバカばかりだ。

そんな僕がよく思うのは、世の中の仕組みはバカ基準でできているということ。会社に操られやすい人が上司に気に入られ、なんとなく流れで出世してしまうのもそうだし、ルールだからと生産性に欠ける同じことをただひたすら続けるのもそう。だから、無数に存在している矛盾点に気づけるわけもなく、延々と同じことを繰り返している。僕からすると、バカの操り人形にしか見えないわけだ。

一方で、すごい成功を収めたとある人が「世の中をバカばかりと見下している人は成功者にはなれない」と説いていたのを見て、少し心が揺さぶられたのも事実。

ただ、一つだけ言いたいことがある。社会の常識とされることも、やっぱりバカ基準で、バレンタインデーにチョコレートをあげなきゃいけないとか、クリスマス＝プレゼントなどは、めちゃくちゃわかりやすいバカの操り方だと思う。最近では、そういった商業的なイメージ戦略に対しては、世間も次第にだまされないようになってきているけれど、国民年金を払う、払わない問題のように、**こちらは〝正義〟、あちらは〝悪〟のようなすみ分けをされる既成概念は腑に落ちない。**

僕は国民年金は払える人は払えばいいし、難しい人は払わなくていいという考えだ。こういうことを言うと、非常識、自分のことしか考えていない、フリーターだ、ニートだと、いろいろ叩かれるのがめんどくさいのだけれど。

実際、国民年金に関してはずさんな記録問題や年金情報流出問題など、さまざまな不祥事があり、信頼性に欠けるし、なにより、今後、自分たちがいくら年金をもらえるかも不透明だ。

そんな状況下ならば、払わない方が良いと考える人が多いか、もしくは半々か、それぐらいの比率でいてもおかしくないのではないだろうか。

そうならないのは、払う人は常識があり、払わない人は非常識というイメージが定着しているのが原因だ。

とあるテレビ番組で、出演者の女性が男性に「年金って払ってる?」という質問をしていた。男性は「俺らが老人になったとき、いくらもらえるかわからないし、払ってないよ」と答えた。

その後のシーンでこの女性は、初めて会う人がちゃんと常識があるかどうかを判断するのに、この質問を毎回しているとナレーションが入るのだけれど、これこそ大衆的な洗脳だと感じた。

つまり、暗に払わない人は非常識で悪と決めつけているわけだ。人によって考え方はいろいろあっていいし、その女性が実際にそうやって、ちゃんとしている人かを自分なりにジャッジするのも、なんら問題はない。

ただ、多くのメディアにはそういった印象操作が溢れかえっていることを、受け手側として感じ取れるかどうかが重要になってくる。

また僕は、原発賛成・反対といった、スケールの大きな問題については、できる限り調べた上で、出した答えが「わからない」でも良いと思っている。

世の中には白黒つけがたい問題というのもたくさんあり、賛成派、反対派のどちらに属するかという結論を出せないときもあるはずだから。

さらに、そういった問題について考える際、僕は**リスクとリターンのみで考える**ように心がけている。そこに感情論が入り込んでしまうと、考察した分析が意味をなさなくなるからだ。

例えば、自動車を引き合いに出して考えてみる。

2018年、世界保健機関が発表した世界の年間交通事故死者数は135万人である。ものすごい数の人が自動車やバイクが絡む事故で命を落としており、死亡者数だけを見ると、そんな危険なものは今すぐなくしてしまった方が良い。ただ、事故というリスクと引き換えに多くの恩恵を得ているし、自動車なくして、今の生活はもう成り立たない。

一方で原発はどうだろう。先に述べた交通事故死者数とは比較にならないほど、原発関連の事故で亡くなった方は少ないはずだ。さらに効率よく発電できるというメリットもある。単純にその結果だけを見ると、原発に反対する理由は見つからない。しかし、万が一事故が起きてしまったら、後々まで多大な影響が残り続けるという点などを加味すると、僕の出した答えは「わからない」だった。

専門的なことを勉強しているわけではない僕は、一生考えたところで、原発を良しとするか、悪とするか、自分なりに正しい答えを導き出すのは難しいだろう。

ただ、僕が言う「わからない」は情報を集め、自分なりに考えた上での判断できないという答えだ。

つまり、**無責任に思考を停止し、世論に流されて「なんとなく悪そうだから、反対」といった明確な理由がない意見よりはよっぽどまし**だと思う。

まずは、世の中にあふれかえる偏った考え方やバカな基準やルールに気付かないうちに洗脳されないようにしよう。

そのためには、やはり、調べ尽くすことが大切だ。入口となる情報ソースはインターネット上に無数に存在する、関連記事などで良い。賛成派の言い分、反対派の言い分それぞれに触れ、さらに気になることがあれば深掘りをする。それだけで、世の中に流されない生き方ができるはずだ。

ブラックバスは害魚か？

「釣りよかでしょう。」を始めて思ったこともある。ブラックバス＝害魚問題だ。ブラックバスは外来魚で、在来の生態系のバランスを壊すという理由から害魚という扱いを受けている。

でも、そんなことを言ったら、歴史をたどればニジマスや鯉だって外来魚だ。どこからが害をもたらす魚なのかの線引きも明確じゃないのに、害魚扱いされてしまうブラックバス。

これを僕は「簡単な悪の決めつけ」と呼んでいる。**悪に仕立て上げれば、批判しや**

すいし、お金も動かしやすい。駆除するために予算がおりやすかったり、法案なども通りやすくなる。消費税増税法案などと比較すると、時間もかからないし、すべてが楽なのだ。

「簡単な悪の決めつけ」はいろいろなところで見受けられる。

人工妊娠中絶もそうだ。人工妊娠中絶はひとつの命を消してしまうことで、世界各国でさまざまな議論が繰り広げられている。ただ、人それぞれで状況は異なるし、望まれずに生まれてくるのであれば、人工妊娠中絶という選択をとった方が良い場合も僕はあると思っている。「まだ生まれてきていないけど、お腹に宿った時点で命だから」と言われるのは承知だ。だけど、やっぱりその理論がすべてに当てはまるとは僕には思えない。僕のような考えを持っていたら、人工妊娠中絶反対派からすると、簡単な悪として決めつけられてしまうだろう。

またもや漫画を引き合いに出すが、20世紀少年（小学館）という漫画で、印象的なセリフがある。

「悪になるのは大変だ。正義の味方の方がよっぽど楽だ」。

まさにこの言葉が僕の考えにしっくりくる。

最近ではインフルエンザワクチンを打つ、打たない問題も社内で議論になった。

新型コロナウイルスが流行した2020年は、世の中の多くの人が感染症対策を徹底していたこともあり、インフルエンザの患者数が極めて少なかった年だ。

そんな年に「釣りよかでしょう。」の社内で、インフルエンザワクチンを打つかどうか、会社の事務員から打診があり、僕は打たないという選択を取った。一方でメンバーたちは全員打つという。

そのときのメンバーたちの意見は「周囲の人に感染させないためにも、進んで打つべき」というものが大半を占めた。挙句の果てには打たないという意思を示したことに対して、「人間としてどうかと思う」とまで言われた。

僕はそのときのインフルエンザ患者数をインターネットで調べた上で、感染する確率は極めて低いと判断したから、打たないことに決めたという明確な理由があった。

ワクチンを打つのが常識という刷り込みがなされているため、僕一人だけ悪者扱い。これこそ「悪になるのは大変だ」のリアル版だ。害魚扱いされているブラックバスの気持ちを少しだが感じることができた。

後日談だが、全員打つと宣言したメンバーに1週間後、事務員が「打った人は?」と確認したところ、なんと全員、忘れていたといった理由で打っていないという。

これにはまいった。机をひっくり返してやろうかと思ったほどだ。

楽な正義をふりかざすか、
確固たる信念を持って、
大変な悪を選ぶか。

また、動画に対しても、ルールや常識という言葉を盾にしたコメントがたまにある。例えば、釣りよかハウスの敷地内でバイクを運転した動画に、「バイクに乗るときはヘルメットをかぶるのがルールだ。転んだら危ないだろ」というようなことを書かれることがある。

私有地内だし、法律的にはヘルメットをかぶる必要はない。しかも、わずか数メートル運転しただけだ。

転んだら危ないという理論でいくと、自転車に乗るときも必ずかぶる必要があるわけで、転倒した際の地面までの高さを考えたら、歩いているときもヘルメットをかぶった方がいいかもしれない。

「常識だから」「ルールだから」「それが普通だから」という理由で正義を振りかざすと、ときにそんな滑稽なことになりかねないのだ。

いろいろと書いたが、常識やルールに縛られ、それが当たり前と正論を押し付けるケースを僕は「楽な正義」と呼ぶことにしている。

もちろん守らないといけないルールはあるが、それは時と場合によって判断すればいい。

「楽な正義」を盾にするのは簡単だ。ただ、**その正義が本当に正しいのかをよく考え**

てみてほしい。

それだけで人生における無駄な時間をなくせるはずだし、世界を見る視野も広がるはずだ。

インターネットを通して見えた無限の考え方

叩かれるのを承知で言うと、僕は募金活動が嫌いだ。場合によっては店の出口を塞ぐような形で募金をお願いされる。あれはもうカツアゲと同じだと思う。

もともとそんなイメージを抱いていたのだけれど、さらにその思いを強くしたきっかけがある。それが20歳ぐらいのとき、当時付き合っていた彼女に言われた「正論ばっかり言わないでよ！」という言葉。

僕も昔からすべてのことに対してひねくれた考え方をしていたわけではなく、正論や正義を盾にしていた傾向にあった。彼女を責めているという認識は一切持たず、世間一般的に正しいとされることを、彼女に説いていたのだろう。

だから、20歳そこそこの当時の僕は、彼女にそんなことを言われ、大きなショックを受け、深く考えた。

正論や正義も押し付けると悪になることを実体験を通して学んだわけだ。

僕が今のような考え方に行き着いたのは、インターネットの影響も大きい。20代前半で、パソコンを手に入れ、インターネットを通して、人それぞれでいろいろな考え方、解釈の仕方があることを実感した。戦争、紛争、人種差別、環境破壊、貧富の差などの規模が大きな問題から、芸能人が起こした事件や不倫といった正直どうでも良いゴシップまで、さまざまなことに対して多くの意見が飛び交う、インターネットという世界。

ときにインターネットはゲーム同様、子どもの教育上良くないといった見方をされることもあるけれど、そんなことはないと僕は考える。しかるべき使い方をすれば、無限の知識に触れられる勉強の場になり得るし、なにより世界中の最新の情報を得ることができる最強のメディアだから。

僕はそんなインターネットの世界でさまざまな意見に触れ、すべての物事に対して１００%正しい答えはないことを学んだ。

例えば、どちらが正しいか議論が起こったとする。もちろん人それぞれに意見があり、その答えを導き出した理由もある。つまり、それぞれが考える正解を言い合っているということで、こうなると、もうどちらが正しいかなんて判断がつかない。

法律で決まっていることなど、明確に答えを導き出せる問題であれば白黒つけることもできるだろうが、そういった明白な答えが出せないのであれば、着地点が見出せない水掛け論にしかならないだろう。

だから、頭ごなしに否定する人がいるけれど、それは改めた方が良い。

まず、自分とは反対の答えの可能性を探るべきだ。もしかしたら、僕が間違っているんじゃないか?というところからのスタート。そうすることで、自分の意見も多少なりとも変わってくるかもしれないし、むしろ自分が導き出した答えにさらなる確信を得るかもしれない。

さらに、人は自分の言動を正当化しがちだ。それはもちろん僕も。そうしないと、常にネガティブな思考に陥ってしまうし、自分自身の言動の説明をすることができないからではあるものの、僕の場合、その行動をとった理由について「違うな。これは自分自身を正当化しているだけだ」と考えを改める場合も多くある。

そう考えるだけでも、自分を俯瞰して見ることができ、冷静な判断ができるようになる。熱くなっているときこそ、こういった自分を見つめ直す作業が必要だ。

考え方に100%正解はない。
ゆえに他人に
自分の意見は押し付けない。

論じる際はとにかく考え、調べ尽くすこと。これが重要だ。

ただその結果、自分なりに出した答えを、他人に押し付けることはしない方が良い。せいぜい、考え方のひとつの案として投げかける程度が僕のやり方だ。

僕は人に意見することはほぼない。ゆえに、自分が100%正しいというスタンスで声を大にして言う人が嫌いだ。

どんなことでも、その人の立場はもちろん、宗教や政治的な観念、思想などが違えば、意見は違ってくるから、100%正しいことなんてない。

ちゃんと調べもしないで、世論に流され、安易にこれは善、あれは悪と決めつけることだけはしないようにしているのは、こういった理由も大きい。

例えば、動画に関しても、メンバーが良いと判断してアップするなら、それで良い。僕の中では、「これだと視聴数が伸びない」と考えていたとしてもだ。

今まで僕が培ってきたデータや分析に則って、すべてをマネジメントした方が、打率は上がるという自負はある。

だけど、なんでもそうだけど、やってみないとわからないことはたくさんある。

20回、30回に1回という少ない確率だけれど、僕の考えとは違う方向性の動画が伸びることもある。僕はその事実を経験値にできるし、結果、今後の糧になる。

そして、メンバーにとっても自分自身で納得した上でアップした動画の結果を通して学ぶことにこそ意味がある。

自分でとことん調べて、考えて、その上で出した答えというのは、万が一失敗したとしても、大きな意味があると僕は思う。

常識を疑って生きるか、民意に従うか

弁護士であり、政治評論家でもある橋下徹さんが、とあるYouTubeのチャンネルでこう言っていた。

「国民がいろいろなことに対して、感覚的に意見を言い、それが最終的な答えになったとすれば、その意見が正しいことになる」と。

僕は常識を疑って生きていると先に述べたが、その言葉を聞いて考えさせられた。

僕はどんなことに対しても世間一般論を信用していない節がある。

その大きな理由は**世の中が、右向け右状態になっていることに気持ち悪さを感じる**からだ。

だから、僕はそういうときこそ疑ってかかる。もちろん最終的には、世間一般の意見と大枠では同じ考え方になるときもあるにはあるけれど、自分なりの答えを導き出すためにたくさんの情報を集め、それを元に熟考しているので、答えにたどり着いた理由まで、しっかりと説明することができる。

そういった意味では同様の意見だったとしても、説得力は違ってくるはずだ。


話を戻す。

そうやって導き出した答えが世間の意見とは正反対のものだったとしよう。僕の中では正しさを証明できる答えでも、橋下さんの言葉を借りれば、感覚的に言っている世間一般の意見が正しいということになる。

橋下さんのYouTubeチャンネルを参考に、国政を例に考えてみたい。

本来であれば法律上まったく問題がないことを国の代表がやったとする。ただ、それに対して世間の大多数は「おかしい」「違法だ」と言い、選挙で代表が替わる。何

民意に従うことで
バランスを取ることも
時には必要。

度も言うが、法律的には何ら問題がないにもかかわらずだ。

この例え話の真意は、国民には選挙を通して国の代表を選ぶ権利があり、大多数の人がおかしいと感じるならば、選挙で正しい政治をしてくれる人を選び直せば良いということ。民意が選挙を通して違う答えを選んだのなら、それが最終的な正解というわけだ。

小さなコミュニティでも、こういった場面は考えられることではないだろうか。人数が少ない中小企業、学校のクラスなどでも起こり得ることで、**大多数の意見に従わないといけないときが少なからずあるはず**だ。

この状況はうちの会社内で起きたインフルエンザワクチン事件と似ているかもしれない。

もし、僕がその当時、民意に勝る意見はないという考え方を、自身の知識の引き出しに入れておいたら、納得できていたか考えてみた。おそらく表面的には納得したように見せるだろうけれど、腹の底では一切納得できていないだろうと思う。

一方で、そんな考え方に触れ、会社内での僕の立ち位置も、なんとなくこれで良いのかな、と思えるようになった。

YouTubeの話をすると、僕はどうやったら再生数やチャンネル登録者数が伸びるか分析し、そのための道筋を立てた。どんな動画をアップすれば再生数が伸びるか、といった部分もなんとなく自分の中で答えを見つけ出せている。

つまりYouTubeに関しては自分なりのポリシーがあるということ。だからメンバー発案の企画やアップする動画が僕のポリシーとは違うと、「これで良いのか？」と疑問に感じることはもちろんある。ただ、僕以外のメンバー全員が、この方向性が正しいと考えているなら、僕はそれを受け入れるしかない。

もし僕が超ワンマン気質で、「俺が言うことが絶対だ。すべてそれに従え」という方針をとったら、メンバーからは反感を買うし、会社内の雰囲気はめちゃくちゃ悪くなるだろう。

だから僕は、メンバーの意思や意向をできるだけ尊重するし、リーダーという肩書きはあるものの、みんな平等というチームを作りたいと思っている。

腹を割って話すと、今の僕にはYouTubeのチャンネルを立ち上げた当初の高いモチベーションはない。メンバーを含めて社内の従業員など第三者からは、ただ傍観している、やる気のない状態に見えているかもしれない。

リーダーとしては最低なイメージだろう。

でも、この状態が会社にとっても僕にとっても、現時点では最善だと考えている。なぜなら、ものごとが最も円滑に進むし、ストレスフルな事態は避けられるから。**極めて小さいコミュニティではあるけれど、会社内の民意に沿うことで、バランスを取っているという感じだろうか。**

自分の考えやポリシーと、民意のバランスといったことを考えると、**自分が絶対正しいと思うことを口にするのは怖いこと**だと、より強く考えるようになった。しかも、それが自分自身が深く関わっているコミュニティであればなおさら、トラブルの原因になりかねない。

一方で、どう思われようと良いと思える環境下においては、自分のポリシーや考え方について、ダラダラと話をしてみるのも良さそうだ。喋るのが苦手な人は、書き留めてみるだけでも心穏やかに日々を過ごすことにつながるかもしれない。

褒める行為も人を傷つける

僕はインターネット上で動画を配信し、多くの人たちの目に触れる立場上、できるだけ不利益を受ける人を出さないように気をつけているつもりだ。

例えば、めちゃくちゃかわいいAさんと、そこそこかわいいBさんという女性2人組のゲストと共演する機会があったとする。

その際、容姿が良いAさんを褒めることは、Bさんが容姿について触れられなかったとしても、結果的に「Bさんの方がAさんよりかわいくない」と言ってしまっているのと同じことだ。

「考えすぎ」と言われてしまえばそれまでだけど、**誰かを褒めることが回り回って、ほかの人を傷つけてしまう**可能性まで考えないといけないと僕は思っている。

世界中の不特定多数の人に見られる動画に出演するにあたり、人は誰しも良い人に見られたいと考えると思う。もちろんそれは僕も同じだ。

そういった考えから、自分を良い人に見せるために、過剰に誰かを褒めたり、自分がちゃんとしている人アピールのような行為をしたとする。

視聴者の中には、「褒められていたこの人は人格者なんだ」といったイメージを持つ人が出てくるのは当然のことで、逆になにも触れられなかった人は「あの人は人間性に問題があるのかも」と結論付けられるかもしれない。もちろん、すべてがそんな受け取り方をされるわけではないだろうけれど、万が一にも可能性があるなら、やるべきではない。

釣り人のマナー問題の啓蒙についても同じことが言える。

僕は「釣りよかでしょう。」のリーダーという立場上、釣り場のゴミ問題といったことについて、もっと発信してほしいといった声がＳＮＳや動画のコメントを通して届けられる。

もちろん、ゴミをポイ捨てするのは悪いことだし、みんなが楽しく釣りができるフィールドを守っていくために、マナー問題を発信するというのは一つの手だ。

ただ僕は、せいぜい、「今日の釣り場は良かった。この最高の釣り場をきれいなまま守っていきたいですね」ぐらいの発信しかしない。

よく、釣り場に落ちていたゴミを拾って、写真に撮ってＳＮＳにアップしているような投稿を目にするが、そういう**アピールのような行為は正直嫌い**だ。

もちろんゴミを拾う行為自体は良いことである。ただ、それをＳＮＳといったツールで発信する必要はないのではないか。

誰かを褒めると、不利益を受ける人が出てくるという考え方に当てはめると、釣りをしない一般の人の中にはその投稿を通して、「釣り人ってマナーが悪いんだ」という印象を持つ人もいるだろう。

そうなると、例えば防波堤で釣りをしている人を目にしたときに、「あの人もゴミを捨ててるかも」のような疑いの目で見てしまうかもしれない。

つまりそれは、釣り人に対してネガティブな印象を植え付けているのと同じだ。

そういったアピール的な発信や、個人を対象とした極端な称賛といった投稿を目にすると、僕は「こういう投稿している人は自分が好きなんだな」と思ってしまう。

例えば、自らの意思で進んでゴミを拾ったなら、自分の中だけで完結しておけば良いし、個人を対象とした称賛ならば、直接伝えれば良い。もし、直接顔を合わせる機会がないならば、ＳＮＳのダイレクトメッセージでも、メールでも、電話でも、その相手に思いを個人的に伝える術はいくらでもあるはずだ。

だから僕のTwitterは基本的に無感情だ。「今日は塩サバ定食を作りました」「まりもが遊びにきた！」「空中浮遊してる虫発見した!!」「夕日がきれいだったよ」など、とにかく平和。

日々のことを淡々とつづるだけで、ある個人やグループを対象とした批判や称賛はもちろん、世間をにぎわせている時事問題などを取り上げることもない。つまり、どんな小さなことでも自身の考えを述べることをSNS上ではしないということ。

よくSNS上で自身の見解を書き記したことで炎上している著名人などもいるが、なぜそういった投稿をするのか理解に苦しむのが正直なところだ。

また、知人などの投稿でも「これ、SNSで不特定多数の人に向けて言う必要ある?」といった内容を書いている場合は、やっぱり気持ちの良いものではない。

そういった考えを持っているので、YouTuberとして活動していなければ、積極的にSNSに投稿することはないだろう。もしかしたらSNS自体やっていなかったかもしれない。

顔の表情や言い方のニュアンスで表現を補足でき、真意を比較的伝えやすい動画上の言葉ならまだ良いが、**文字だけで何かを伝えようとすると狂いが生じやすい。**

しかもSNSのように不特定多数が見ることができるツールで発信すると、なおさらだ。

インターネット上の
言葉には狂いが生じる。

決して人に意見するのが悪いという意味ではない。

むしろ、一対一など、直接顔を合わせている場合は、意見のやり取りや、明らかに問題がある行動に対しては注意をした方が良い。

それはお互いにとって、重要なコミュニケーションになりうるからだ。こちらの意見を伝えることで、相手の気付きになることもあるだろうし、自分がどんな考えを持っているか相手に伝えることができる。もちろん逆の立場で、僕が相手を理解することもたくさんある。

要はインターネットで何かを伝えようとしたり、コメントをする場合には、その発信によって、不利益を受ける人が生まれないか、という点まで考えた方が良いということ。

自分ではポジティブな行為や意見と思っていることでも、回り回ってネガティブな要素を生みかねない。

人を批判するなら一から百まで調べ上げてから

調べ尽くすことはさまざまな場面で有用な手立てだ。

よく世間のイメージに流されて、ある人を悪い人だと決めつけて話す人がいるけれど、本当にそう言い切れるのか、今一度考えてほしいと僕は考える。

表面上だけで判断して、それらしく知った風に批判するのは簡単だ。

僕は、例えば世間からものすごいバッシングを受けている人がいたら、むしろ逆の視点に立ってその人の言動を見返したり、調べるようにしている。たとえその人のことがあまり好きじゃなくてもだ。

そうすると往々にして、メディアによるイメージダウンにつながるような印象操作が垣間見えたり、いかにも、その人が言ったように言葉を切り貼りしているといった点が多々見つかる。

メディアも視聴者や読者の興味をそそるように報じるといった側面があるのは理解しているので、そこを全否定するつもりはないが、情報の受け手側として、そういった点まで踏まえて、ものごとを判断すべきだと僕は考える。

世の中にだまされないように生きる術を磨かなければいけないというわけだ。

反論材料を探す理由に、世間の多くの人からバッシングされて、かわいそうだな、と思う感情的な部分もある。

例えば中学校で、クラスのほぼ全員がとある生徒を悪と決めつけてみんなで責めるといった事態になっているとしよう。僕は、そういう場合、責められている生徒がかわいそうになる。「そこまで責められるようなことをしたのか」「逃げ場がなく、致し方なく、みんなに叩かれるような行為をしたんじゃないか」といったことをいつも考えていた。

40人のクラスで39対1の状況を作り出すのではなく、僕ぐらい少しでも理解してあげたいという感情が湧いてくるのだ。ただ、そういう感情になったからといって、僕は正面切って、「みんなで責めるのはやめろ」といった**正義のヒーローにはならない。**なぜなら、それをすることで、クラス全員との敵対状況をより明確にしてしまうと考えるからだ。

敵対関係、失態を明確にしない。
ごまかしつつ、
だれも悪者にならない
解決策を探す。

とある2人組YouTuberの話もまさにその状況と似ている。その2人組をAとBとしよう。

Bの行為が世間的に大バッシングされ炎上した際、相方の失態を謝罪したいという思いから、Aはみそぎ企画のような動画をアップした。大炎上により動画に出演できないBを守るためのAの正義の行為だとは僕も認識しているし、なにもしないよりは良いかもしれない。

ただ、少し考えると、Aのその行為によってBの失態はさらに明確になり、今後チャンネルに戻りづらいだろうな、と正直思った。

その気は一切なくても、Aの好感度は上がり、結果的にBがより窮地に立たされるという構図になりかねないからだ。これは、良かれと思った行為でも、回り回って不利益を受ける人が出るという話と似ている。

話をクラスでのもめごとに戻す。

そういった事態になり、みんなに責められている生徒を守りたいと考えたときは、**僕はとにかくごまかすことに注力する**。例えば、掃除をサボったことで責められていたなら、みんなで掃除を半分サボってしまうような遊びを考えてみたり、とにかくクラスのみんなを巻き込んでしまうような状況を作る。

そうすることで敵対状況は少しずつ薄れ、自然と責めるべき行為を忘れさせるというわけだ。元来、もめごとが嫌いだから、そのようなことを自然とやっていたのかもしれない。

ただ、このやり方は正直損だ。ヒーローになることはないし、だれにも気付かれないように波風が立つのを抑えているので、感心されることもない。もちろん助けた相手から感謝もされない。

別に感謝されたくてやっているわけではないけど、女子からちょっとモテるぐらいの恩恵があっても良いのに……と正直思っていた。ただ悲しいかな、「なにも考えていない」「無神経」「ごまかしすぎ」といったことを言われ、呆れられるのが関の山だ。

このような話を含めて、実社会では嫌い、性格が合わないということは往々にして起こりうる。それであれば、その人とは一定の距離を置いたり、深く関わらなければ良い。

著名人に対するインターネット上でのバッシングも同じ考え方だ。

もともと一般人と著名人という埋まらない距離があるのに、バッシングして、不特定多数の人に、「私はこのタレントが嫌いです。もっとみんなで批判しましょう」というメッセージを伝えて、なんの意味がある。

気に食わないとしても、それは自分の中で呑み込んでおくべきだ。

一人ひとりの小さな行為から、大きな炎上は起こる。

例えば僕もその著名人のことを好きじゃないと考えていたとしよう。

しかし、実生活において誰かとの会話の中でその著名人が批判されていたとしても、僕は同調することはないだろう。むしろ、僕が集めた情報をもとに、違う捉え方ができるかもしれないよ、といった提案をする。

なぜなら、もしその相手が表面的な情報しか得ずに批判しているなら、自分なりにしっかり情報を集めて、ものごとを判断するべきということを伝えたいからだ。

それに、たとえ対象者が著名人であろうとも、陰口であることには変わりはない。

陰で悪口を言いたがる人も多いが、それはどんな場面であろうとできれば避けたいものだ。

「伝統だから」「しきたりだから」は思考を止めたバカの言い訳

今でも学校、会社などさまざまなところであることだが、「伝統」や「しきたり」に縛られるのも嫌いだ。

僕自身、高校時代に経験したことだけど、当時、先輩から後輩へのしごきが慣習化されており、僕もその訳のわからないしきたり通りに、しごかれた。

揉めごとが嫌いな僕は、心の底から無意味だとは思いながら、くだらないしきたりに従って1年生を過ごした。

その後、2年生になり、そのしきたりに従わなかったのは言うまでもない。

なぜなら、そのしきたりをくだらない、意味がないと感じていたからだ。さらに言うと、自分が、そんなことをされて嫌だったのも大きい。**自分自身が不快に感じたことを他人にするのは究極のバカ**がやることじゃないだろうか。

社会人になってからも、そんな経験をした。

当時、僕は運送会社に勤めており、自分が受け持った荷物は積み込みから配送、納品までをすべて一人で行うのが暗黙のルールだった。

もちろん、担当した荷物の種類や配送先によって、分量が異なるのは当たり前で、配送先が遠方だったり、受け持った荷物が多ければ、残業してでも、その仕事を一人でこなす必要が出てくる。

そのしきたりが生むのは、無駄と危険しかない。

例えば深夜0時まで一人で積み込みをしたとする。納品先が遠方で、早朝に出発しないと間に合わない場合、数時間しか睡眠を取れず、万が一、居眠り運転でもしようものなら、ドライバーの命に関わることだし、会社としても存続できないような大変な事態になるかもしれない。

そう考えると、やることは一つじゃないだろうか。社員みんなで仕事量が多い人を助け合うことで、残業時間を減らし、作業能率を上げることだ。

だから僕は、自身の仕事が終わった後、仕事量が多い先輩の積み込みを手伝うようにした。その行為に賛同してくれた同僚が一緒に手伝いを始め、その流れが徐々にみんなに広まり、1年ほどすると、全員が助け合うようになった。わずか1年で、その会社に何十年と根付いてきた、**無駄でしかないくだらないしきたりをなくす**ことができたのだ。

学生時代の話も、運送会社でのエピソードも「良い人になろう」なんて言いたいわけじゃない。

反旗を翻したり、大それたことができないのであれば、せいぜい自分がされて嫌なことはしない、無意味なことをし続けない、といったシンプルな思考でいようということだ。

これは、実社会での経験談だけれど、インターネットやＳＮＳといった不特定多数の人とコミュニケーションを取るシーンでも同じことが言えるのではないだろうか。

インターネットは悪の増幅装置

特定の個人に対する悪意のある書き込みなど、インターネット上での誹謗中傷の問題が深刻化していると、国も注意喚起を行う現代。

僕もYouTuberという職業柄、ご多分に漏れず、槍玉に挙げられることは多々ある。

アンチコメントをいちいち気にしていたら、きりがないと頭ではわかっていても、やはり批判されるとムッとすることもあるし、悲しい気分にもなる。

こちらの立場や考えを以て反論したくなることもあるが、それをすると炎上する可能性が高くなるし、「釣りよかでしょう。」「佐賀よかでしょう。」のイメージダウンにもつながるので、やるべきではない。むしろ、一切反応しないのが、最善手だ。

これは匿名性が高いインターネット、特にSNSにつきまとう問題。

著名人の自死を発端に社会的に大きな問題にもなり、「名誉毀損罪」「侮辱罪」といった罪で逮捕者が出たことで抑制もなされているが、やはり完全に根絶やしにすることはできないだろう。

さらに、世界中の不特定多数の人に向けて**インターネットというツールで、悪意をぶちまけると、その悪は増幅する。**これは、インターネットが持つ性質上、どうしても避けられないことだと僕は思っている。

伝統やしきたりの項でも述べたが、極めて狭い世界である身の回りでも、「やられたら、やり返す」という考えを持った人はたくさんいる。つまり、多くの人が利用するインターネット上には、そんな人が溢れかえっていると考えるべきだ。

だから、自分の意見や考えを発信する場合は、それ相応の反応があることを予測しておかないといけない。顔を合わせて議論するならまだしも、お互いに顔も素性もわからないインターネット上では、炎上もしやすく、それによって社会的なダメージを負うといった事態に陥ることも考えられる。

そして、悪意は増幅しやすいが、善意は素通りしていくのがインターネットの特徴という点も重要だ。

ネットニュースを見ても、喜ばしい情報は、リアルタイムのそのときだけピックアップされ、すぐに消えていくけれど、世間が叩きやすい悪者が存在するニュースは、例えばその人物の過去まで掘り下げられた上、違った側面から記事化され、それに対して「やっぱり」「そうだと思った」といった、論点から外れたコメントも多く並ぶようになる。

これこそ、まさに悪が増幅していくわかりやすい例だ。

ただ、そこで考えてほしい。あなたはネットニュースやYouTubeの動画に対してコメントをすることがあるだろうか。

僕は一切コメントをしないし、「釣りよかでしょう。」や「佐賀よかでしょう。」の視聴者の方に会う機会があれば、コメントをしたことがあるか聞いてみたりもする。そうすると、コメント機能があることさえ知らなかった、という人がほとんどだ。

つまり、**ネットニュースや動画に対してコメントをしているのは超マイノリティ**ということ。極めて少数派の人が悪を増幅させているということを理解しておけば、その情報に惑わされることもきっとないはずだ。

「事務所に入ったことでYouTuberとしての活動の幅はやっぱり広がった。僕はひねくれ者で、いろいろ言うから、『釣りよかでしょう。』のマネージャーさんになった人は大変だろうな、と思いつつ……」（よーらい）

第5章

流されの流儀

〝夢〟は嫌い

僕は「夢を持つ」という言葉が嫌いだ。

僕自身が将来の夢は一切持たずに生きてきたのもあるけれど、小学生のときはもちろん、中学生、高校生時代も周りに、将来なりたいものがある友人なんていなかったように思える。

そもそも、〝夢〟ってなんだ。

現実味がないから、〝夢〟という簡単な言葉でごまかしているのではないか。

例えば、「プロ野球選手になりたい」と言っている子どもがいるとしよう。僕は、プロ野球選手になるために幼少期からすべきことは、ある程度見えていると考える。

よくあるのは、住んでいる地域の強豪チームに入るところからのスタートだ。中学進学にあたり、校区の関係で野球が強い学校に通えないなら、クラブチームで技術を磨けば良い。その後、ある程度自由に学校を選べる高校生になったら、甲子園の常連校を選択し、レギュラーの座を獲得。そこでプロ野球チームのスカウトの目に留まるような活躍をするのがプロへの最短距離だろう。高校からいきなりプロ野球チームへの入団が難しければ、今度は強豪野球部がある大学進学という選択肢が出てくる。社会人野球からプロを目指すというのも一手だ。最初から実績のあるコーチを頼って、英才教育を受けるというスタートを選択すれば、またプロセスは変わってくる。そう考えるだけで複数の道筋が存在することになる。

つまり本当にプロ野球選手になりたいなら、いくつか方法があるということで、しっかりと自分の中で道筋を考えておけば良い。どちらかというと、これらの過程は目標達成のためのプロセスの積み重ねでしかなく、比較的どんな子どもでも、こういった道筋通りに人生設計をできるチャンスがあるはずだ。

もちろん家族の協力を含めて、本人の相当な努力が必要なのは言うまでもないが、そう考えるとプロ野球選手になることは夢ではない。**あくまで実現可能な目標**に思えてこないだろうか。

僕は夢や希望を持つことが美化される風潮も嫌いだ。さらに言えば、目標さえなくたって良いと考えている。

目標を持たず、周りに流されても良い。その中で、自分がおもしろいと思えることに出会うかもしれないし、出会わずとも、自分なりに納得の日々を過ごせるかもしれない。自分自身が納得できない、こんな人生おもしろくない、と思うなら、少しでも興味を抱いたことに挑戦してみたら良いだけだ。

夢や希望を持つという
美化された言葉に
だまされるな。

さらに言うと、野球選手もサッカー選手も、ギタリストもバイオリニストも、映画監督も俳優も、経済学者も数学者も、いわゆる一般的なサラリーマンじゃない仕事を生業としている人は、**好きなことを突き詰めていった結果、自然とその仕事に就いた、**という人ばかりというのが僕の持論。

僕だってそうだ。

学生時代や会社員時代はただただ流されて、佐賀県というういち地方で普通の暮らしをしていたが、インターネット上で動画を配信することに楽しさを感じ、ただおもしろいからという理由で続けてきたにすぎない。

もちろん、睡眠時間を削って動画を制作するなど、体力的にきつい部分もあるにはあったが、それもおもしろいからやっていただけ。好きなことに没頭していたら、いつの間にかYouTuberになっていたと言っても良いかもしれない。

そして、YouTubeでお金を稼ぐために、再生数を伸ばすことと、チャンネル登録者数を増やすための分析をしっかりと行い、自分なりの成功までの道筋を立てただけだ。だから、努力をしたという意識もあまりないし、すごいことだとも思っていない。

そう考えると、「夢を持つ」という言葉に違和感を感じないだろうか。

目標とする仕事だったり、叶えたい希望など、この世の中に存在することは、よっぽどのことでない限り実現可能だ。

だとすれば、そのための道筋をまず立てるところから始める方が現実的と僕は考えている。

基礎の重要性

ハマるととことん突き詰める僕が、最近ハマっているのがゴルフだ。

今では趣味の領域を超え、シニアプロを目指している。そのために日々のトレーニングは欠かさないし、YouTubeでゴルフに関するさまざまな動画をチェックし、自分自身に必要な情報を精査する作業も怠らない。

YouTubeを始めたときもそうだったけれど、とにかく僕はハマったらそのことに対してとことん調べ尽くす。その上で自分なりの分析をして、目標地点に達するまでの道筋を立てるのが人よりも得意だ。

その際に教本などは用いない。それはゴルフも同じだ。よく上達への近道という理由で、インストラクターをつけたり、レッスンを受ける人がいるが、僕はそういった類のものを信じていない。なぜなら、インストラクターや教本によって言うことはバラバラだからだ。

それよりも**信じるべきは、基礎の部分**だと僕は思う。

ルービックキューブを驚くほどの速さで全面そろえる人を例にあげてみる。

僕はそんな特殊技術を持つ人の映像を見て、「この人は天才に違いない」と思った。そこで、どのようにして、そのような神業ができているのか調べてみた。そうすると、キューブの動かし方を丸暗記しているだけだという。

何千時間、何万時間という気が遠くなるような基礎の練習をひたすら繰り返すことで、あんなことができているという。

また、その練習を繰り返すことで、ある工程をショートカットするひらめきを思いついたり、勝手に指が動くようになるそうだ。

そういった情報を得て、僕は基礎をひたすらやり続けることが重要だと解釈した。しかも基礎というものがどうやって形成されたのかも考えた上でだ。おそらく基礎というのは、長い年月をかけて、数十万、数百万の人が実践していく中で確立されたものではないだろうか。

つまり、相当数の人たちが長い時間をかけて生み出した平均であり、普遍的なものと捉えて良いはずだ。

基礎練習はとにかくどれだけ長い時間実行できるかが重要になってくると考えると、とにかく使える時間はすべて、それに注ぎ込むしかない。ゴルフは今まさにその最中だけれど、YouTubeもそうやって、地道な作業を続けて今がある。

さらに言うと、一見すると関係のなさそうな情報までインプットするのが良い。そうすることで意外な気付きが出てくるから。

天才的な神業を見て、**どうやったらあんなことができるんだ、と疑問を持つかどうかが最初の入口**になるかもしれない。

どんな考え方をしているんだろう、という純粋な興味を持つのでも良い。

先日、YouTubeで瞬間記憶ができる人の映像を見た。それもまたすごくて、パラパラと本を見ただけで、書かれていることをほぼ丸暗記できるという能力だ。

もともと先天的にできたわけではなく、その人も瞬間記憶ができる人の存在を知り、ひたすら練習を繰り返すことでできるようになったという。

そもそも能力的に秀でた人だった可能性は高いが、瞬間記憶という人間離れした能力まで身につけることができると考えると、繰り返し鍛錬し続けることの重要性を感じずにはいられない。

つまり、たとえ凡人であっても**天才になることを諦めなければ、一流クラスの技術や知識を身につけることができる**ということ。

僕にとってそれは大きな気付きであり、ものごとへの取り組み方を変える一つのターニングポイントになった。

だから僕は地道にものごとを突き詰める作業を怠らないようにしている。

自身が突き詰めたいと思った分野だけでも、やっぱり一番になりたいから。

天才になりたい、を諦めない。

気遣いはばれずにやれ

自分で言うのもなんだが、僕は気遣いにかけては、ずば抜けてできている方だと自負している。おそらくアンチの方からすると、「ウソつけ!」と速攻コメントをしたいところだろうけど、まぁ聞いてほしい。

以前、こんなことがあった。「釣りよかでしょう。」の収録で、とある偉い方にゲストで出演していただいたのだけれど、そんな日に限って、あるメンバーが大遅刻をやらかした。

まさかの遅刻で待ちぼうけをくらったゲストは怒り心頭だったのは言うまでもない。僕はリーダーとして焦ったが、今更中止という選択はありえないし、とにかく、ゲストの怒りを抑えることに尽力した。

そして、くだんのメンバーが現場に到着したが、その時点でおよそ5時間の遅れだ。どんな人格者でも怒るであろうレベルの大遅刻だけに、ゲストの不満は言葉にせずとも伝わってくる。

そこで僕はそのメンバーをカメラが回っているにもかかわらず叱責した。普段、怒ったりすることはないが、そこは僕が怒らないと収拾がつかないと考えたからだ。

なぜ、そうしたか。

それは、ゲストの怒りを抑えるためでもあり、怒りの意識を別の場所に移すためだ。たられればの話は無意味だけれど、もし僕が遅刻してきたメンバーをその時点で怒らなかったら、ゲストはずっと不信感を抱いたままだし、怒りの矛先を収めることもできない。

それであれば、僕が嫌われ者になっても良いから、ゲストの怒りを収めようという考えがあっての行為というわけだ。

ちなみに「カメラを回したまま怒らなくても良いのでは?」と思われるかもしれないけれど、ここが僕の小狡いところだろう。

もし撮影を一旦止めて僕が叱り始めたら、もしかするとゲストの方もメンバーに対して苦言を呈するかもしれない。もちろん5時間近く待たされ、怒って然るべき状況なので、そのメンバーはゲストからのお叱りを真摯に受け止める必要はある。でもカメラが回っているという状況下で、かつリーダーである僕がしっかりと叱っていれば、なかなか一緒に怒ろうという気が起きにくいと考えたのだ。遅刻したメンバーは自分の失態でそういうことになったとはいえ、そこまで関わりが深くない人にいきなり叱責されるのは、気持ちの良いものではない。特に大人になると、そういう場面に立たされたことで、変なプライドが邪魔して、逆に意固地になるケースも多い。

その後も釣りロケを進めていく中で、遅刻したメンバーに対して、遅刻についてのいじりもした。もちろん大前提に僕とメンバーの信頼関係が成り立っている上での〝遅刻いじり〟である。

それは、ゲストに心穏やかにロケを楽しんでもらいたいという思いからなのだが、予想通り動画のコメント欄には「よーらい、しつこい」「いつまで遅刻の失態を引っ張るんだ」的なことをたくさん書かれたのは言うまでもない。


ただ、考えてほしい。もし、僕がそういったいじりをしていなければ、遅刻したメンバーとゲストは、心のどこかにわだかまりを抱えたまま、ぎくしゃくした関係を引きずってしまわないだろうか。

僕がいじることで、ゲストも「まぁまぁ。そこまで言わずとも」という心理になるのではないだろうか。

それが**互いの関係性を修復しつつ、現場をまとめる気遣い**だと僕は考えている。

僕的には批判コメントが殺到したことは、気遣いをしたことがバレていないということで、方法として間違いではなかったと強がってみるが、やはり叩かれたことで少なからず傷ついてはいる。

気遣いに気付いてくれた人からのナイスフォローといったコメントが、僕にとって唯一の救いだったのは、ここだけの話だ。


話は逸れたが、気遣いというのは機転を利かせた対応だと僕は考えている。それができるかできないかはとても重要で、僕はゲスト出演がない動画でも、そういった部分は常に意識している。

一方で、「いかにも気遣いしてます」といった対応は第三者から見るとものすごくダサいし、やるべきではない。

むしろ気を遣われた方も、居心地があまり良くないだろうし、逆に相手に気を遣わせてしまうことにつながる。

そういった意味では接待なんて、する側も受ける側も、お互いに気持ち良くないはずなのに、まだ風習として残っているのは、なぜなのか。双方にとって無駄な時間を過ごす悪しき慣習でしかない。

だから僕自身、そういう関係性しか築けないのであれば、できるだけ深いお付き合いはしないことに決めている。もちろん、ビジネス的なお付き合いの場合、多少なりともそういった場面になることもあるにはある。ただ、お互いに極端に気を遣うような関係しか築けないようであれば、そこにポジティブな要素を見つけることができないというのが理由だ。

いろいろと書いたが、要は**気遣いをするなら気づかれないことが重要であり、度を過ぎた気遣いは逆にマイナスになる**と僕は考えている。

気遣いをしているとバレた時点で、
相手に気を遣わせることになる。

YouTubeとは一切関係はないが、こんなエピソードもある。

昔、ガソリンスタンドで働いていた時期があったのだけれど、僕は佐賀県内のグループ会社で売り上げベスト3に入るほど、実績を上げていた。しかもトップクラスの従業員は正社員だけの中、僕のみアルバイトだ。

どうやってそんな功績を上げることができたかというと、とにかくさまざまなお客さん、一人ひとりに対して、その人にとって気持ちの良い接客をすることだけを意識した。

画一的な接客なら誰でもできるところを、僕は人によってすべて対応や提案を変えたのだ。

接客をする上では当たり前のことだと思うのだけど、マニュアル通りの接客だと平均点のちょっと上は狙えても、お客さんの印象には残らない。

どれだけ相手を気持ち良くさせられるかが重要で、一度でも気に入ってもらえれば、再訪にもつながるし、ガソリンを入れるだけではなく、例えばタイヤやオイル交換といった依頼も増えてくる。

ガソリンスタンド時代、こんなこともあった。

ある日、車のボンネットが閉まらなくなり、困っていた高齢のお客さんがいた。僕も不具合箇所を一緒に探し、レバーの引っかかりのような部分を見つけた。

お客さんに「ここじゃないですかね？」と伝えながら、手を入れたところ、お客さんは僕の手の存在に気づかずに、力いっぱい叩きつけるようにボンネットを閉めたのだ。ボンネットに親指を挟まれ、激痛に思わず声を上げそうになったが、お客さんに責任を感じてほしくないというとっさの判断で無言を貫き、なにごともなかったように振る舞った。

翌日、あまりの腫れ方に病院に行くと、親指の骨はポッキリと折れていた。医者にも「1日よく我慢できたね」と言われたのを覚えている。

これは、常軌を逸した機転の利かせ方かもしれないが、それぐらい僕はどんな場面でも、相手が気持ち良くいられるようにしているつもりだ。そして、そのことを誰にも悟られないことも気遣いをする上では重要と考えている。

なぜ、そこまで相手のことを考えられるようになったか思い返してみると、小学生のときのとある経験が大きかった。


僕は小学2年生のときに千葉県から佐賀県に引っ越してきた。小学生、しかも低学年という年代にとって転校するというのは、大きな試練だ。

今までとはまったく異なる環境、しかも友達もいない状況からの新たな学校生活のスタートなわけで、ちゃんと友達ができるかといった不安は尽きない。

僕もそういった不安を抱えながら佐賀県の小学校に通い始めた。関東と九州では方言も違うこともあり、なかなかクラスになじめなかった僕は、ややいじられもした。いじめというほどのことではないけれど、当時の僕にとってはダメージが大きかったのは事実。

そんな状況を変えるためになにをやったか。

子どもながらに相手の顔色をうかがうようにしたのだ。**自分なりに他人の感情を読み取ることで、コミュニケーションを円滑にする。**そうすると徐々に友達も増えてきて、楽しい学校生活を送れるようになった。

そう考えると、いじられたり、いじめられた経験はマイナスなことばかりじゃないと感じないだろうか。他人の心を読み取る能力が高められ、僕の場合、それが実社会でも活かされているからだ。

また、父親が夜逃げするような複雑な家庭環境だったことも、気遣いの質を高めてくれたのかもしれない。

僕にとって幼少期から心許せる唯一の人は兄だ。ものすごく優しくて、貧しい暮らしの中で苦楽を共にし、僕を支えてくれた尊敬すべき人。

そんな兄の逆鱗に触れ、ある日、殺されるんじゃないかと思うぐらい、ボコボコに殴られた。僕はその事件をきっかけに、「たとえ心許せる家族といえども、気遣いは必要だ」と考えるようになった。

そんなさまざまな経験をしたことで形作られた僕なりの気遣い。

たまに、ものすごく無神経で、周りの空気など一切読まずに我が道を行く人もいるが、そんな人間にならなくて良かったと心底思う。

気遣いはばれないことが鉄則と考えている僕だけど、ごくたまに見抜く人が現れる。

その代表格が葉加瀬太郎さんだ。

葉加瀬さんは、もともと「釣りよかでしょう。」のいち視聴者で、縁があって動画に出ていただいた。

その際、葉加瀬さんは「よーらいはずぼらで、無神経で、なにも考えてないように見えるけど、それは計算のうちだろう？　人によってベストな対応を選択しているし、ＴＰＯもわきまえている。お前のそういう小狡いところが好きなんだよな」と言ってくださった。

ばれずにやっていたつもりの気遣いも、葉加瀬さんにはすべてお見通しだったというわけだ。

そうやって気づいてくれる人と僕は波長が合うようだ。

葉加瀬さんの人間性が好きだし、ぶっちゃけ尊敬もしているが、本音は表に出さないし、おべっかも使わないのが僕のやり方。

むしろ、傍から見ると失礼と受け取れるような対応をしているだろう。

でも、葉加瀬さんにとっての「釣りよかでしょう。」「佐賀よかでしょう。」内における居心地の良さは、自然体で接することで生まれると考えた上でのコミュニケーションだ。

結果、「佐賀よかでしょう。」で2300万回以上再生された「葉加瀬さんが楽器屋さんで試し弾きをしたら店員さんびっくり！」というメガヒット動画も生まれた。

これも葉加瀬さんが「今日一日、俺を自由に使っていいぞ。よーらいの言うことだったら、なんでもやってやる」と言ってくださって生まれた企画。この信頼関係は**〝気を遣わない〟という気遣い**ができたからこそと僕は考えている。

突き抜けたバカが一番幸せ

どんなことでも、河原の石を一つ一つめくるように、さまざまな情報を集めて、正しい答えを見つけ出すような行為が好きな僕だけど、よく考えるのが、「これって生きていく上で意味あるのかな?」ということ。

僕が20代のころ親友から、近々彼女と結婚するという報告を受けた。本当におめでたいニュースで、祝福しかないのだが、よくよく話を聞いてみると、彼女に30万円の借金があり、結婚に向けて貯蓄なども一切していないという。

僕はその友人に「それはさすがに、いかんやろ」と説教をした。

まず、やるべきは30万円の借金を返すこと。その後、結納金100万円を貯めて、婚約指輪の購入資金も必要だ。結婚後の生活のことを考えると、さらに貯蓄をしておいた方が良い。そもそも、彼女に借金がある状態で、相手の両親にどんな面を下げて会いに行くんだと。

ただ、その友人は翌週には相手の両親に会いに行った。借金していることも包み隠さず話したらしい。

もちろん僕からの説教なんて完全無視だ。

そうしたところ、友人の明るく、人懐っこい性格もあり、相手の両親にいたく気に入られ、なんとその翌月にスピード入籍した。僕からしたら、ありえない展開だ。

その友人は、今も奥さんと子どもと、仲睦まじい家庭を築いており、傍から見ても本当に幸せそうなのだ。

言葉を選ばずに言う。

そんな友人の姿を見て僕は、突き抜けたバカが一番幸せじゃないかと考えるようになった。

20代のころの僕のようにいわゆる社会的な常識にとらわれていると、友人も彼女と結婚できなかったかもしれないし、もしかしたらすごく不幸な未来になっていたかもしれない。

そう考えると、**ノープランでも直感的に幸せと思う方向に進む行動力の方が大事**とも捉えられる。もちろん、後先考えない行動によって失敗した例も見ているが、そういった人もそれなりにやっぱり幸せそうだったりするのだ。

世間に騙されないようにとか、結局は民意が正しいとか、そんなことを言っている僕の方がよっぽどバカなのかもしれない。生きづらさでいうと、僕に軍配が上がるだろう。

さらに言うと、YouTuberになりたいと考える人がいたとしよう。

その場合でも、圧倒的なバイタリティを有するバカの方が成功する可能性は高い。中途半端な常識人は、撮影機材は最低でもこれが必要、動画編集をするなら然るべきところで勉強した方が良いかも、といったことに悩むばかりで、なかなか実行に移さない。

一方で、細かい部分を気にしないタイプ、つまり突き抜けたバカは、手元にあるスマホで撮影し、編集もそこそこで、いきなり動画をアップするだろう。

もちろん最初から成功するわけはないけれど、「こんな動画だと炎上するんだ〜」「動画は縦じゃなくて、横の方が見やすいな」「この動画はちょっと再生数が伸びたな。理由はよくわからんけど」といった失敗や偶然の成功から学びを得る。さらに持ち前の考えなしの行動力を発揮し、中途半端な常識人が足踏みしている間に、実践を通して、YouTube上におけるさまざまなことを学ぶチャンスを得られる。

そう考えると、右も左も分からない状態とはいえ、**まず行動を起こすことの重要性**を感じないだろうか。

僕はとある起業家のオンラインサロンにゲスト兼講師として招待されたことがある。その際、視聴者に対して、「こういった場に来る時間を費やしている時点で、起業家として成功はできないと思う」と正直に伝えた。

僕からすれば、起業したいと思うなら、とにかく行動しろ、と思う。

例えば、地方でブランドを立ち上げたいなら、必要な環境を整えるために、どのぐらいのお金が必要かをまず調べるだろう。それがわかれば、その資金を稼ぐために、働くという選択以外ないと考えている。もし、昼間は本業があるなら、夜もバイトをしてお金を稼ぐべきだし、空いた時間を使ってブランドで売り出す商品イメージを描いたり、アイデアを絞り出した方が良い。

成功者の話を聞くこと以外に、やることは山のようにあるはずだ。

なにも考えていなくても良い。
とにかく、ひたすら
行動できる人が成功できる。

成功者の話を聞いたからといって、自身の目標が達せられることはないし、ヒントを得られる可能性も低いだろう。

やりたいことがあるなら、まず動け、だ。

セミナーに参加した2時間でできることは相当あるはずだし、目標に1㎜でも近づきたいなら、そんなセミナーに参加すべきではない。

これは、まさに中途半端な知識人らしい行動と僕は考えているし、突き抜けたバカは、そんなことは一切しない。**自身の直感に従って生きる**から。

この考え方から導き出されるのは、とにかく泥にまみれろ、ということ。

スマートに成功者になれる人は、本当に一握りだ。むしろ、そんな人はほぼいないだろう。

そんな極めて低い可能性に惑わされずに、**とにかく今すぐできることから始めろ**、と僕は強く思う。

起業家として成功すれば湯水のようにお金が湧いてくるというイメージがあるなら、ひとつ言っておきたい。そんなことはない。

妥協できない人は、成功することはない

よく、YouTuberとして成功するためのアドバイスを求められることがある。僕は自身が実体験で得たプロセスを包み隠さず教えるが、それで成功するか否かは、その人次第だ。

例えば、YouTuberとしてお金を稼ぎたいという明確な目標を持っている人がいたとする。その人にまず伝えるのは、毎日必ず1本動画をアップすること。これは大変な労力がかかることではあるけれど、自分の努力次第ではやろうと思えば必ずできることだ。ただ、人によっては動画のクオリティは下げたくない、妥協したくないといった理由で、毎日アップしない人がいる。

高いクオリティの動画をアップし続けたいという目標であれば、それで良い。ただ、あくまで最終目標はお金を稼ぐことならば、それはただの言い訳だ。自身が満足するクオリティの動画をアップし、「俺は自分のポリシーを貫いて、やることはやった」というようなことを言おうものなら、ダサすぎる。

まず、**目標達成のためになにが一番重要かの答え**がわかっていない。しかも、妥協したくないと言いながら、お金を稼ぐという目標に対しては諦めているということにさえ気付いていない。

僕からしたら、自分で決めた目標を諦めた時点で、妥協の極みだと思う。なりふり構わずやれよ、体裁なんて気にせず、泥にまみれろよ、と思うのだ。

僕はYouTuberとして活動をし始めた当初、収益を上げることだけをひたすら考えたし、実行した。毎日1本必ず動画をアップするために、正直常に100%満足できるクオリティは維持できなかったし、当時付き合っていた彼女とも別れた。人としては最低かもしれないけど、YouTubeと彼女との関係の両立がめんどくさかったから。

つまり彼女との関係は妥協し、諦めたわけだ。

目標達成のために
妥協するのは当たり前だ。

人は往々にして、**言い訳をするときにきれいごとを並べる。**

動画のクオリティを下げたくないから毎日1本動画をアップしないというのも、そうだ。僕からしたら、努力するのがめんどくさかったという風にしか受け取れない。

きれいごとの言い訳は日常にもあふれている。

例えば、会社に勤めているなら、上司から「急ですまないが、この仕事をなるべく早めにお願いしたい」といったようなことを言われることは多々あるだろう。

もちろん、ほかのタスクが進行中の状態といった理由などから、すぐにその仕事に取り掛かりたくないというのもわかる。ただ、なるべく早めにとお願いされている時点で、その仕事が最優先。どれだけめんどうだろうと、ほかの仕事の進行の妨げになろうとも、すぐに取りかかるべきだ。

依頼された仕事が完了しておらず、上司に「まだ終わっていないのか」と言われた際、ほかのタスクを先に終わらせた方が良いと判断した、というような、いかにも正しそうな説明をしたとしても、僕からしたらそれはきれいごとの言い訳だ。

そう考えると、自ずとやるべきことは見えてくると僕は考える。物理的に無理という元も子もない言い訳はせず、とにかく必死にがむしゃらに、なりふり構わず、取り組んでみること。僕がYouTuberとして活動していくにあたり、努力したことと言えば、これぐらいだ。

お金があっても……お金があると……。

本気を出せば、なんでもトップクラスになれるのに、お金を稼ぐことだけは人並み以下。だから、お金を稼ぐことに本気を出してみようと思ったのが、僕のYouTuberとしての原点。

お金はあるにこしたことはないとは思っていたけれど、お金持ちになって、裕福な暮らしがしたいという願望はほぼなく、お金を稼ぐというゲームを自分なりに楽しみながらクリアしていった感覚に近い。結果、そのゲームを現時点では無事クリアできているわけだけど、もともとお金持ちに憧れていたわけでもないので、僕はものすごく庶民的な暮らしをしていると思う。

数千万円もする外車や高級時計には一切興味がないし、洋服だってノーブランドの安物だ。むしろ、Tシャツ一枚ですら自分で購入するほど欲しいものはなく、貰い物やおさがりで十分とさえ思っている。

日々の食事も料理動画の撮影で余った食材を使って自炊している。高級レストランなどにも一切興味がないのだ。あえてお金をつぎ込んでいるものをあげるとすれば、ゴルフの道具、バイクぐらいなものだろうか。

なぜ、僕がそこまでお金を使わないのかというと、もともと貧しい家に生まれたからだ。学生時代から節約しなくては生きていけない環境だったし、社会人になってからも、そこまで給料が良いわけではなかったので、ずっと貧乏だった。携帯電話を持ったのも周りの友人の中で一番遅い方だったと思う。

今でも弁当を買う場合でもコンビニではなく、安さを求めてスーパーを選んでいる。おそらく一生、僕の貧乏性は抜けないだろう。

また、ザ・お金持ちという雰囲気が個人的に好きじゃないこともある。全身、ブランドもののアイテムで着飾るのは、僕の性には合わないし、なにより似合わない。やっぱり自然体のままが楽で良い。

一方でお金に余裕ができたことで劇的に変わったこともある。

それは努力に費やす時間が増えたことだ。

お金持ちの人ほどゴルフがめちゃくちゃ上手だったり、体形維持といったセルフマネジメントがしっかりできている。それはすべて、**お金に余裕があることで、自由に使える時間が増えているから**だと僕は思う。

ゴルフをひたすら練習する、筋トレを毎日必ず行うなど、最終的には本人のストイックな姿勢がものを言うけれど、やはりそういった行為に時間を割けるかという点は大きい。


工場勤務など社会人を経験していたからこそ、特にそのことを強く思う。

僕は現在毎日、仕事終わりに2時間麻雀、1時間筋トレ、1時間ゴルフ、1時間バイク、1時間ピアノの練習を自身に義務付けている。

正直、筋トレ、ゴルフはしんどいから、決してやりたいわけではない。ただ、負けたくないという気持ちが勝った上での行動だ。

もしも僕が以前のように会社員として働き続けていたとしたら、こんな時間は作れないだろう。

以前勤めていた工場を例にあげてみる。

毎朝6時に起床して、8時前から始業。途中、休憩時間はあるものの、ほぼ働きづめで、遅い日は22時まで残業だ。家に帰って夕飯を食べて、風呂に入ると、もうすぐ24時。明日も朝6時に起きて、1日激務が待っていることを考えると、1秒でも長く寝たい。1時間筋トレするなんてありえない！

こんな感じだ。

YouTuberになった今はというと。

釣りのロケから22時に帰宅。明日は10時から仕事だけど、5時間ぐらい筋トレ、ゴルフとピアノの練習をしても全然余裕だ。朝4時に寝ても5時間ぐらい寝れるし、練習後に気になるYouTubeでも見てみても良いな。最悪、眠くなったら、仕事の合間にちょっと仮眠できる。なにより仕事は苦じゃないからな。

といった感じだろうか。


この変化は僕がYouTuberという自由業であることも大きく関係しているのだけれど、例えば会社の経営者など、ある程度自由に時間を使える立場であれば、似たような感覚だと思う。

お金に余裕が生まれると、精神的にも追い詰められず、おおらかな気持ちで生活することができる。つまり、**お金持ちは努力し放題。**

ただ、お金に余裕ができても、なにもしない人がいるのは事実。

まぁ結局は、努力するかしないかは、人それぞれなのだけど、努力しやすい環境であることは間違いない。

せっかちだからこその成功論

僕はとにかくなんでも同時進行させないと気がすまない。

極端な話、書き物をしているときでも、右手でペンを走らせながら、数字の配列を記憶するといったこともできる。

通常は数字も漢字やひらがななどと同じように文字として記憶するが、僕は数字を図形として認識することで、それが可能になる。

これは、右脳がイメージ脳、左脳が言語脳と区別され、それぞれの働きが違うことからも、意識をしながら練習を積めば、おそらくだれでもできるようになると思う。

そういった脳の使い方をすることで編集作業をしながら、ほかの動画を見るといった、〃ながら作業〃が日常化しているというわけだ。

しかも流し見るのではなく、しっかりと記憶に留めることで、たくさんの情報を得ることができるのは大きなメリットだ。

このような行動はすべて、僕がめちゃくちゃせっかちなことに起因する。

20代のころ、マニュアルの軽自動車に乗っていたのだが、車を駐車した瞬間に、シフトレバーをニュートラルに入れ、サイドブレーキを引き、シートを下げ、ドアを開けていた。それを見た友人は「速すぎない?」と笑っていたほどだ。

さらにゴルフでも、一打一打、打ち終わるごとにカートのゴルフバッグにクラブを入れる人を見ていると、正直イライラする。球を打ち終わったらクラブを持ったまま、カートに乗り込み、次打の際にクラブをバッグに入れながら、次に必要なクラブを取れば良い話だ。そうすれば、いちいち打つ度にクラブをバッグに入れる行為を省くことができる。

もちろん、こんなことは些細なことだし、口に出すわけではないが、それぐらいせっかちというエピソードとして捉えてほしい。

そんな性格から、社会人として働いていたときも、「こうしたら無駄を省けるのに」「この作業は不要だな」といったことを常に思っていた。

自分の意見を言えるぐらい職場の環境に馴染んでくると、その無駄の省き方を仲間に伝えるようになる。そうすると大体、指示役という意味からも、なりたいわけでもないのにリーダー的な立ち位置に押し上げられていた。「釣りよかでしょう。」もそうだけど、常になにかをするときはリーダーだ。これもすべて、僕がせっかちだからだろう。

言い訳をするつもりはないけど、「釣りよかでしょう。」「佐賀よかでしょう。」の動画でも、せっかちな性格から、指示役に回ることが多々ある。

そうすると、極めて少ない数ではあるものの、「また自分はサボって、メンバーにばかり大変な作業をさせている」「リーダーという立場を利用して、自分は楽ばかりしている」といったコメントをされることがある。

これは違う。僕は筋トレやダイエットにもなるから本当は体を動かしたいのだ。ただ、僕が作業側に回ると、指示役がいなくなり、作業スピードが極端に落ちてしまう。無駄を省きたい性格ゆえ、効率が悪くなることに僕自身が耐えられないから、指示役に回っているにすぎない。

なんでもそうだが、全体を俯瞰した上で指示する人がいるのといないのでは、作業スピードが全然違う。例えば、僕が以前勤めていた引越し業者もそうだ。

4人体制で全員がフルに作業するのと、1人指示役を立て、3人が作業するのとでは、後者が断然効率が良く、作業もスピーディーに完了できる。

それをわかっている人は、きっと職場でも自ずとリーダー的な立ち位置になるだろうし、チームを上手にまとめることができれば、きっと会社からの評価も上がる。

つまり、**できる限り早く作業を終わらせたい、とにかく無駄を省きたいとついつい思ってしまうようなせっかちな人間の方が、成功できる確率は高くなる**というわけだ。

せっかちゆえに無駄を省く。
結果、それが成功への近道。

そうやって無駄を省いた末に生まれた時間をどう活用しているか。僕の場合、おそらく傍から見たら有効に使えているとは思われないだろう。

僕は一見すると無駄だと思われることを突き詰めるのも好きだ。

自分でも、他人からしたらこんなことどうでも良いことだろうな、ということをあえて時間をかけてやる傾向にある。

でも、**無駄をきっかけに才能が開花する**ことは往々にしてある。

例えば僕の場合、「カーブをできるだけきれいに曲がりたい」「純粋に運転が上手になりたい」といった普通に暮らす上では無駄だと捉えられるところから、ドリフトの九州チャンピオンになった。

そうやって、世間一般的に見ると無駄、無意味と思われていることを、突き詰めて一流になった人はたくさんいるはずだ。

さらに、僕はなにもせず、ボーッとする時間が嫌いだ。1年に1日ぐらい、「今日はなにもしない」と心に決めて、ひたすら時間が過ぎるのを待ったりするが、そういう1日を過ごすと、「なんて無駄な1日を過ごしてしまったんだ」という自責の念にかられ、めちゃくちゃ気分が落ち込む。

だから、今も仕事が終わったあと筋トレやゴルフ、ピアノの練習を欠かさない。基本的にしんどいことなのだが、**なにもせず過ごすより、よっぽどましだ。**

それもこれも、できるだけ無駄な時間を省きたいという、せっかちな性格から生まれた結果。

性格は人それぞれあるので、向き不向きはあると思うけど、日常の些細なことから、効率を重視してせっかちに動くことで、なにかしらの良い変化が起こると僕は思っている。

完璧主義者と僕が自己評価する理由

以前、ふと動画の中で「僕は完璧主義者だから」というようなことを言ったことがある。そうすると、視聴者の皆さんから「ウソつけ」「料理とかいっつも適当じゃん」といったコメントが降り注いだ。僕は「やっぱりそう見られているか〜」と内心、ちょっと寂しかったが、まぁそう見られても仕方ない。

ただ、僕は本当に完璧主義者だ。

完璧主義者と言うと、すべてのことに対して完璧を求める人をイメージするだろうけど、僕はそれは違うと思う。**最終的な完璧を求めるがゆえに、手を抜くところが必要**という考えだ。

料理を例に説明していく。料理を味はもちろん、コスパ、スピードなど、すべてを満たして完璧と考えてほしい。

いちいち調味料の量を細かく計測しようものならスピードは落ちる。とにかく良い材料にこだわりすぎるとコスパが悪くなる。つまり、トータル的に見るとそれは完璧ではない。だから、調味料は目分量とすることでスピードを上げ、そこそこの材料を使うことでコスパをアップさせるといった手の抜きどころが必要になってくる。

結果、完成した料理がおいしくて、スピーディーに調理を終えることができたなら、それが完璧だ。

そういった考えで料理動画をアップしているものだから、「完璧主義者」などと言おうものなら「適当」「ガサツ」「無頓着」といった評価がくだされるのだと僕は理解している。

ＤＩＹ動画などでもそうだ。ウッドデッキを自分たちで作る場合、極端な話、耐久性や安全性を第一に考えて、見た目の良さやデザイン性は二の次で良い。プロの仕事だと、なかなかそうはいかない部分もあると思うが、今後ウッドデッキを実用していく上で、耐久性、安全性をないがしろにしたら、本末転倒だ。

要は**最終的な完璧を求めるなら、手の抜きどころを判断する能力が必要**ということ。一から百まで完璧を求めていたら、いつその作業が完了するかわかったものじゃない。トータルのバランスで見て、完璧を求めるというやり方が必要になってくる。

これは、どんな仕事でも同じではないだろうか。

最終的にどんな形で仕事を終わらせたいか。

納期に間に合わせるのはマストで、単価を下げることも大切。もちろん、完成形がその仕事の最終的な成否の判断材料になることは言うまでもない。

なんでもそういった視点で作業に取り組めば、手の抜きどころは見えてくるはずだ。

逃げて良い

人はだれしも不満や悩みはある。僕だって、他人からすれば大したことではないと思われるかもしれないけど、多少なりとも悩みはある。僕自身、あまりそういったことを人に相談するタイプではないが、誰かに話すことで気が楽になる人もいるだろう。

僕は悩みを相談された場合、その人からすれば最悪とも言える選択を勧める。例えば仕事や勤めている会社の愚痴ならば、「もう辞めちゃったら?」だし、夫婦関係の悩みなら「もう離婚しちゃったら?」という具合だ。

これには理由がある。

悩んでいる人にとって最悪の選択は、世間体を気にしていたり、自分のプライドが邪魔した上で、最悪というイメージ、位置づけになっていることがほとんどだ。言わば、〝他人から見た自分〟にとって最悪な事態というだけ。

周りの評価を気にしなければ、悩みを解消する最善の策は、その状況をガラッと180度変えること。つまり逃げることだ。

大体の人は「嫌いな上司の見方を変えて、もうちょっと今の仕事を頑張ってみたら?」とか、「奥さんの気持ちを汲んで、立場を理解した上で、もう一回話し合ってみたら?」とか、悩んでいる当の本人でもわかっているようなことを言う。それは、悩みを相談された側の人も、現状から逃げることを良しとしていないということではないだろうか。

時と場合にもよるが、僕はそれではいけないと思っている。

先ほど言ったように僕の答えは極論だ。人によっては「まったく親身になっていない。いい加減な答えだ」と否定されることもあるだろう。

ただ、悩んでいる人が、どうしてもその状況に耐えられず、世間の目や自身のプライドをかなぐり捨ててでも最悪の選択をしたときに、「あいつだけはこの選択を肯定してくれた」「あいつが良いって言ってくれたから踏ん切りをつけることができた」といったように最後の砦になれるのではないだろうか。周りからは解決することから逃げていると捉えられたとしても、そういうことを言ってくれる人がいた方が絶対に生きやすいと僕は思う。

人は誰しも逃げてしまいたい状況というのは往々にして訪れる。そのときに逃げるという選択を後押ししてあげるというのも一手だ。

自身が耐えられないぐらい嫌な状況から逃げ出すことは決して悪くない。

むしろ、そうやって新しい環境に身を投じることで、とんでもない成功を収めることだってあるし、素晴らしい人との出会いが待っているかもしれない。

世間の評価なんて気にしないこと。

学校や社会、すべての状況下で言えることだが、自分が思っている以上に周りの人は他人に関心を持っていない。

そう考えれば、自分が勝手に作り上げた最悪の選択というのは、そこまでひどいものじゃないと感じられるはずだ。

今、まさに得意の流され中

僕は、ずっと周りに流されて生きてきた。

「流される」という言葉自体、あまり良いイメージは持たれないけど、僕はそれでまったく問題ないと思っている。

実際、流されながら生きてきた僕は、現時点では幸いにもYouTuberとして成功を収めることができている。

それは、動画を撮影し、編集して、アップするという行為が単純に自分に合っていただけで、もしこれが嫌いなことだったら、とっくにやめているだろう。

それに、佐賀を離れて、上京しないと成功できないという状況だったとしたら、YouTuberなんてやっていない。佐賀は住み慣れているし、周りには気心の知れた友人がたくさんいて居心地が良い。右も左もわからない東京で暮らすのは嫌だし、新たに友人を作るのはもっとめんどくさい。

「YouTuberとして成功されてすごいですね」といったこともよく言われるが、僕自身、まったくすごいこととは思っていない。なぜなら、**嫌なことから逃げに逃げて、ただただ自分にとって楽しいことをやってきただけ**だからだ。

「好きなことで、生きていく」というYouTubeのキャッチコピーがあるが、僕もそれに当てはまるだろう。

例えば、楽に稼げる方法があったとして、それが嫌いなことだったら僕はしない。つまり、自分自身が楽しくて好きなことがYouTuberのような生き方だっただけ。

たまたま目立つ職業で、しかも佐賀をフィールドに活動しているから、地方の成功者のように扱われるけど、もっと稼いでいる人は佐賀だけでもごまんといるだろうし、世間が抱く成功者のイメージとはかけ離れた質素な生活の方が僕の性に合っている。実際、そんな暮らしをしているのは先に述べた通りだ。

そもそも成功者のなにをもって成功しているとするかが曖昧だ。例えば、地方の建築会社の社長や、県内に何店舗かガソリンスタンドを経営するオーナーだって、言わば成功者ではないだろうか。もしくは、自身が経営者じゃなくとも、どこかの企業である程度の役職に就いていて、取引先と接待ゴルフに行くことが仕事の一つになっている人だって、傍から見たら、羨ましい立ち位置だ。そんな人もまた成功している人にカウントされるかもしれない。

ただ、世間一般的に成功者というと、東京の一等地のタワーマンションに住んでいて、高級な外車を何台も所有し、一着数百万円もするような高いスーツや数千万円もする腕時計を身に着けている、といったきらびやかな生活を想像する人が多いだろう。そういった生活をしている人を成功者と考え、さらに自身もそうなりたいと野望を抱くなら東京に行くしかない。

でも、先ほども言ったように、もともと地方でしっかりと成功を収めている人は多数いる。さらに、インターネットが普及し、物流の発展も顕著な現代だからこそ、できることの幅が広がっているのは言うまでもない。そう考えると、ますます無理に自分のライフスタイルを変える必要はなく、楽な方に、好きな方に流されて、嫌なことからは逃げて生きて良いと僕は思う。

要は自分自身が「幸せ」と思える暮らしができているなら、それで十分ということ。むしろそれこそが成功だ。

流されても良い。ただ世間一般が抱くイメージにだけは惑わされないこと。そのことを常に意識していれば、成功者という定義があやふやなレッテルを気にせずにすむはずだ。

そういう意味で、今もやっぱり僕は流されていると言える。とてつもない飽き性の僕が、YouTuberとして活動を続けられているのは奇跡だ。

正直、かつてほどの情熱を動画制作に傾けられているかと問われると、答えはNOになるだろう。なぜなら、事務所に所属し、メンバーの生活を守っていかなければいけない現況で、僕のモチベーションを上げるためという理由だけで、僕一人だけのわがままを貫き通すことは難しいから。

だから僕は今、周りに流されている。それが僕の最も得意とする生き方と考えると、いろいろ悩む必要はないし、一番好ましい状態かもしれない。

YouTubeを通して、お金には不自由しない暮らしを手に入れた。ある程度のものであれば、ほしいものも買える。なによりお金を得るための仕事がまったく苦じゃない。自分の好きなように時間を使えるし、まさに自由業の極みだ。

それでも、やっぱり悩みは尽きない。

僕は周りの友人が普通に会社に勤め、結婚し、子どもが生まれ、幸せそうな家庭を築いているのを見ると、心の底から羨ましくなる。

僕にはないものをたくさん持っているからであり、**幸せの本質を体現している**ように見えるからだ。

そういう生活をしている人を「社会の歯車」と、なんとなくネガティブに表現することもあるが、それも僕の中では疑問だ。なぜなら、そういう道を選んだ人の方が、僕なんかよりよっぽど偉いと考えているから。

テレビに出ている人に多少なりとも憧れてはいたが、僕は有名人になりたいわけではなかった。どちらかと言うと早く、〝よーらい〟というYouTuberがいたことを忘れてほしいと思っているぐらいだ。

そんなことを流され中の今、よく考える。

ないものねだりとはよく言ったものだ。

おわりに

最後までこの本を読んでくれた方に、こんなことを言うとあっけにとられるかもしれないけれど、この本には「このビジネス書や自己啓発本を読めば必ず成功する」、もしくは「成功するヒントがある」といったことを書いている書籍、さらにそんな謳い文句に騙される人を否定したいという思いを込めた。

無責任にこの本を読めばなにかが変わるなんて、絶対に言いたくないし、たかが一冊の本を読んだところで、人生を一変させるような劇的な変化なんかあるわけがない。

どんなことでも、一歩一歩積み重ねていくこと、地道に前進することしかできない。実際、僕がYouTuberとしてやってきたことは、YouTubeの再生数、チャンネル登録者数を伸ばすアルゴリズムを分析して、小さなことをただひたすら積み重ねてきただけ。特別なことは一切やらずに、現状を築いてきた。

一方で学生時代や会社員時代は、ただただ周りに流されていたわけで、状況次第ではなんの努力もすることなく生きてきた。

そんな半分ぬるま湯のような人生を送ってきた僕だからこそ思うのは、誰かに言われたり、すすめられたり、後押しされないと実行できない人、行動に移すことができない人は結局のところ変われないということ。

よく仕事でも上司に指示される前に自身で判断し、動ける人は有能または、かゆいところに手が届くといった評価をされるのと似ているかもしれない。

要はなにかを変えたいと思うなら、自分で気付いて動くしかない。

その気付きのヒントは、書籍やドキュメンタリー番組、映画、誰かの話などを通して得られることもあるかもしれないけれど、多くはリアルな暮らしの中にこそゴロゴロと転がっている。

だから、「ビジネス書や自己啓発本を読むより、誰かの講演会を聴きに行くより、成功者のオンラインサロンに入会するより、普段の暮らしの中にあることを大切にしよう。それを自分を変えるヒントにしよう」と思ってもらえたら、この本を読んでいただいた意味があるかもしれない。

そういった意味からも、この本に対して人それぞれ、考えや意見、感じ方があってほしい。

例えば、なにかに対する取り組み方を少しでも変えようと思ったなら、頑張ってみたら良い。変わろうと挑戦したけど、やっぱりできなかったなら、それでも良い。なにも感じることはなかったという感想もあるだろう。

すべてのことに白黒つける必要はないし、100％正しい答えはないという考え方からも、そんな本でありたいと思っている。

本書でも書いたが、結局僕は誰かを否定すること、さらに言うと、肯定することもしたくない。啓発・啓蒙するなんて、もっと性に合わない。

だから、この本に書いたことは、僕のめちゃくちゃ長い独り言程度に捉えてほしい。そのグダグダと述べた独り言の中に、なにかしらの発見があった人は、ラッキーぐらいな感覚だろうか。

むしろ「当たり前すぎる」「いまさら」と思う人の方が多いかもしれない。

充実の対義語である虚無。とらわれるなにものもないこと。人生・世の中のむなしさを意識すること。

伝えたい真意やストーリーが重いシリアスな映画を見終わったあとや、学生時代、修学旅行から帰ってきたあとの、地に足がつかないふわふわした感じ。

あの虚無感のようなものを読了後に感じられるような、つかみどころのなさ。僕の私見や考え方を述べたところで、そんなものだと思っている。

でも、地に足がつかないふわふわしたときの、なんとも表現しがたい心地良さも、心のどこか片隅にでも残ってくれたら、この本を出版した意味が少しはあるのかもしれない。

よーらい

1983年1月21日生まれ。YouTubeチャンネル「釣りよかでしょう。」のリーダー。サブチャンネルに「佐賀よかでしょう。」がある。ニコニコ動画で2009年に初めて動画を投稿。最初はゲーム実況、そして佐賀の田舎での遊びを紹介する「佐賀よかでしょう。」を開始。ニコニコ動画では【実写版】ぼくのなつやすみ(佐賀)が動画アワード2011(夏)を獲得。2014年10月、「釣りよかでしょう。」としてYouTubeに初めて動画をアップ。2021年9月現在、チャンネル登録者数は161万人を数える。

ひねくれ者《もの》の分析力《ぶんせきりょく》

2021年10月14日　初版発行

著者　よーらい
発行者　青柳昌行
発行　株式会社KADOKAWA
〒102-8177　東京都千代田区富士見2-13-3
電話0570-002-301(ナビダイヤル)
印刷所　大日本印刷株式会社

● お問い合わせ
https://www.kadokawa.co.jp/ (「お問い合わせ」へお進みください)
※内容によっては、お答えできない場合があります。
※サポートは日本国内のみとさせていただきます。
※Japanese text only

定価はカバーに表示してあります。

ISBN 978-4-04-680713-7　C0095